第2辑

封面观点

何万篷 著

IDSS 前滩综研
同济大学出版社
TONGJI UNIVERSITY PRESS

图书在版编目（CIP）数据

封面观点 . 第 2 辑 / 何万篷著 . -- 上海 : 同济大学出版社 , 2022.9
ISBN 978-7-5765-0335-7

Ⅰ . ①封… Ⅱ . ①何… Ⅲ . ①公共管理－研究－上海 Ⅳ . ① D675.1

中国版本图书馆 CIP 数据核字 (2022) 第 150452 号

封面观点 **第 2 辑**

何万篷　著

责任编辑：吕炜　|　**责任校对：**徐春莲　|　**封面设计：**完颖

出版发行：同济大学出版社 www.tongjipress.com.cn
（地址：上海市四平路 1239 号　邮编：200092　电话：021-65985622）
经　　销：全国各地新华书店、建筑书店、网络书店
印　　刷：上海安枫印务有限公司
开　　本：889mm×1194mm　1/32
印　　张：7.625
字　　数：205 000
版　　次：2022 年 9 月第 1 版
印　　次：2022 年 9 月第 1 次印刷
书　　号：ISBN 978-7-5765-0335-7
定　　价：60.00 元

如果问我最大的心愿是什么？我会不假思索地回答，是恳请同事们从我的套路、模板、窠臼中跳脱出来。因此事急迫，院里启动了“过河计划”，给年轻人提供平台，推动新人成长，让大家既能传承好“scholar factory”（知识工厂）的成品和半成品，也能迭代研发出面向未来的新产品。

未来一定属于新生代。我的同事们就是这样一群温和而机敏、谦逊而锐利、坚守而包容的伙伴。我从他们身上获益良多。本专辑的不少灵感，都来自和他们的“竞赛”“周旋”或“斗争”。

过去三年，受限于新冠肺炎疫情，线上开会成为常态。我们结合新场景，探索出一种 SaaS（Seminar-as-a-Service）模式，以五次内部会来保障一次外部会的质量。本书的内容，多是在内部会上涌现，而后在外部会上呈现的。虽稍有坐而论道之嫌，但绝大多数都建立在深度触达和充分交互的基础之上。衷心希望能与读者一起，更多地“回”到现场，因为问题在现场，解决方案也在现场。现场才是智库工作的主战场。

作者简介

何万篷　He Wanpeng

上海前滩新兴产业研究院（前滩综研）院长、首席研究员，管理学博士，正高级经济师，大学兼职教授，中国统计学会理事，上海市宏观经济学会理事，上海市青联委员，上海市静安区政协常委，上市公司独立董事，同济大学校友会监事，张江集团战略委员，上海市、浙江省科技专家库成员，管理学专业期刊审稿人等。

主要研究方向有国际关系、世界经济、新兴产业、公共安全等，以复杂系统理论（CAS）和数据挖掘方法，实证研究自由贸易试验区、全球科技创新中心和“一带一路”倡议等，致力于“新型智库”建设，为科学决策提供支撑和保障。

曾参加全国经济形势分析与预测座谈会、上海市委城市软实力专家座谈会、亚太地区期刊会议等。多次以特邀专家身份，参加上海广播电视台《夜线约见》《头脑风暴》《财经夜行线》《道·理》《走出去》等节目。曾任“未来银行业重整”“中国工业发展战略高层论坛”“宏观经济政策前瞻会议”等学术活动的大会主席。

说在前面

在思想的隧道中掘进

我们想折腾个学派出来，虽然这可能是个永远无法达成的目标。大多数学派，都是后人“追封”给前人的，很少见过谁说自己创建了什么学派。

但是我们确实想探索一条具有前滩综研特点的路子，做一些具有前滩综研特点的研究工作。这个特点，可能一是在价值观，二是在表达式。当然，后者取决于前者。前者是决定性的。

第一，前滩综研价值观之首，是把市场逻辑置于核心地位。短期内，政治逻辑可能是显性的。长期而言，市场逻辑是压倒性的。政策逻辑，就是要在市场逻辑和政治逻辑当中，找到动态适配的均衡点。

第二，我们信奉现场主义。真理在基层，在实践中，在人民当中。它不在办公室和会议室。我们必须谦虚地放下身段，实打实地问计于民，求教于一线实操者。没有创业经验的人，断然没有资格当别人的创业导师。

第三，永远要相信年轻人。不关心年轻人的新诉求，做出来的规划很可能犯刻舟求剑的错误，可能好心办坏事。一代人有一代人的智慧，一代人有一代人的奋斗，一代人有一代人的幸福。担心谁，都不要担心下一代。相信年轻人，就是相信未来。

第四，坚持实证，用好数目字，用好技术工具。坚决不拍脑袋、不拍胸脯、不拍屁股。勇于和利益相关者做建设性的碰撞，乐于扩大学术民主，没大没小，没老没少，没先没后。

这就是我们价值观的四大基石。由此出发，我们用大白话、口语体来表达，直抒胸臆，没有弯弯绕绕，不想躲躲闪闪，更不能吞吞吐吐。资讯让人求“实”，知识让人求“式”，智慧让人求“释”，价值观让人求“是”。一帮人，如果求“实”、求“式”、求“释”、求“是”，“在思想的隧道中掘进”，那就颇有些看头了。

目 录

全球博弈

“强全球化”和“弱全球化”，“顺全球化”和“逆全球化”，“新全球化”和“旧全球化”，“全球的全球化”和“区域的全球化”，“泛在的全球化”和“排他的全球化”等都并存着。没有人不要全球化，没有人要不利于自己的全球化。

从国际政治新概念看国际关系新动向

——“全政府策略”：指美国正在实施政府部门（联邦政府、地方政府）总动员的对华策略。在政治战的统领下，涉及的领域包括但不限于“贸易热战”“技术冷战”“金融混战”“资讯暗战”和可能的“擦枪走火”……

——“椰子战略”：指印度正在实施的外表强硬、看起来不好对付，内部却很软弱、矛盾的战略。

——“全球化再造论”：指全球化是不可逆的、无法退出的，国际经济活动要重新“挂钩”而非“脱钩”的相关言论。全球化将以不同形式回归，将在逻辑重构中重新加速。这个契机，就是新冠肺炎疫情推动的数字化转型。道理极其简明——“以邻为壑”将寸步难行。世界主义不会终结。

——“结构性变化论”：德国高官指出，德美关系已经发生“结构性变化”，再难回到过去[①]。昔日良好的“跨大西洋伙伴关系”已经成为过去式。这种“结构性变化”和美国是由共和党执政还是民主党执政没有关系。

——“有限冲突论”：指中国和美国，谁也无法承受扩大冲突的后果。美国越来越发现自己处于“孤家寡人”的状态，中国越来越发现自己可能远还没有准备好。冲突升级，如果有红利的话，可能不会属于中美任何一方。

——“影子战争论”：指攻击有形设施和无形网络背后的神奇力量或神秘力量。有逻辑、无痕迹，是“影子战争”的最大特点。除了具有全面压制性优势的极少数国家，其他国家和地区都是“影子战争”的受害者。

JUL 15, 2020

① 出自时任德国外长海科·马斯在 2020 年 6 月 28 日接受德国媒体的采访。

在原以为难以达成共识的地方，达成了广泛、强烈和清晰的共识

2

——百年未有之大变局，是对我国有利的大变局。我们要充分识别、承接变局带来的红利，并“落袋为安”。

——不要急着闻鸡起舞，不要盲目针锋相对，不要纠结于一城一池。别人犯错误、犯大错误，我们不要跟着走。少犯错误，就能掌握主动局面。

——趁机把之前没想到、没条件、不断往后延宕的事情顺势给处理掉。真正的“对”，是在对的时间把对的事情做好。

——内需、内循环就和大海一样，它们一直在那里。我们要做的，是以国民需求升级为准星，提高供给侧的效率效能。国际竞争，到最后就是看谁对自己的国民更好、最好。

——没有任何理由低估外循环。越是大国经济体，越需要外循环。通过外循环，相互依存、共同发展。独乐乐？想也不要想。对自己的国民好，推己及人，谁都会跟你走。

——头部企业、头部产业（环节）、头部地区、

头部城市，要当仁不让地、责无旁贷地成为擅长野战的正规军、擅长特战的先遣队。试问，长三角高质量的“小循环”如何“流－留－转”起来？35.8 万平方公里（41 个城市）如何成为高原？6 340 平方公里（上海）如何成为尖峰？

——有一种上进，叫迎难而上、知难而进。危机中育新机，变局中开新局，这也是革命。AUG 14, 2020

时好时坏的中美关系，是它的需要，并不代表它的醒悟

“时好时坏的中美关系，是它的需要，并不代表它的醒悟。”这句话是任正非先生在 1997 年华为和俄罗斯贝托公司成立合资企业时说的。

一语道出了美国国策的底色——实用主义。美国内政外交再怎么跌宕起伏、峰回路转，这条主线是亘古不变的。一切为了美国，为了美国的一切。“中国人民的老朋友”“头号现实主义者”基辛格（Henry Alfred Kissinger）博士，曾经为中美握手立下汗马功劳，但也鼓吹“只要为了美国利益，可以让东方大国四分五裂”（大意），最近更是威吓说，“如果美国败了，谁也别想好过，尤其中国”。

美国前副国务卿、前贸易代表、世界银行前行长罗伯特·佐利克（Robert B. Zoellick）最近在其新书《世界中的美国》（*America in the World: A History of U.S. Diplomacy and Foreign Policy*）中总结了美国政策的 5 个关键驱动要素（用其原话，是 5 个“持久相互作用的传统”），分别是：确保在本国所在半球的霸权、让外国市场对美国产业和技术开放、对联盟的态度不

断变化、国家领导人（必须表现出来）对民意的顺从及始终服务于更宏大意志的例外论。

佐利克先生大作名曰“世界中的美国”，是值得商榷的，可能改成“世界外的美国”更为合适，至少在奥巴马任期之后是这样。其实，一直都是这样。美国对待世界的态度，是动态权变的。“华盛顿的道德热情常常表现出一种评估本国私利的实用主义权宜”[①]。海明威（Ernest Miller Hemingway）曾经说过：“实用主义，是我们用以代替上帝的东西。”正如基辛格本人所言，美国的官僚，是“实用主义型领导集团”，对他们而言，“有用即真理”。

不要看美国说什么，关键是看它想“交易”什么。不缺筹码，是我们的优势。为面子所累，是我们的劣势。这一回，让我们以美国之道还治美国之身，让我们比美国更“美国”一下。AUG 18, 2020

① 出自2020年8月4日英国《金融时报》网站，《世界中的美国——罗伯特·佐利克笔下精彩的新历史》一文，作者菲利普·斯蒂芬斯（Philip Stephens）在文章中介绍了介于干预主义和孤立主义冲动之间的钟摆式摇荡如何塑造了美国的对外政策。作者认为，在与盟友打交道的过程中，华盛顿的道德热情常常表现出一种评估本国私利的实用主义权宜。

美国得了“英国病”

“英国病”的首要表现是经济表现——持续地走下坡路。速度缓慢，实力收缩，地位下降，甚至开始衰退。第二个表现是精神层面的内向主义、自我怀疑倾向以及某种精神分裂症状，急速地从优越感滑向失去感、无力感，变得更加愤世嫉俗（cynical）。第三个表现是社会活力消失，创新呆滞。“活着”“享受当下”的念头，超过“活好”“创造未来”的念头。强调拥有财富，而不是创造财富。第四个表现是“光荣孤立”，战略回撤，不干预对自己直接和间接效用不大的事情，但也高度敏感地不容别人置喙。

哈佛大学政治学家塞缪尔 · 比尔（Samuel Beer）提出了一个引起争议的关于英国衰落的命题：太多的利益集团向政党提出了太多的要求，而政党又向每个人许诺一切，结果导致多元停滞（pluralistic stagnation）。英国的利益集团争取社会福利、增加薪水和企业补贴。两个主要政党互相竞价，向更多的利益集团承诺更多的好处。美国莱康明学院政治科学系教授迈克尔 · 罗斯金（Michael G. Roskin）一针见血地指出，这些被称为“英国病”的症状让美国人非常担心，怕它有扩散性。

撒切尔夫人的“药方”（让人很自然地想到特朗普的“药方”）、生产率竞赛（尤其是重工业的衰落）、国民医疗的难题、种族问题、英国与欧洲的关系（让人很自然地想到美国随心所欲地“退群”）……昨天的英国，今天的美国，真是这样？

英国脱欧、美国“脱美”的背后，就是放弃对意识形态的基本追求，奉行绝对的实用主义。JUL 27, 2020

打量对方的眼神不一样了

5

西方对中国的忧虑就在于，在其自身体制已近乎终极性、没有生长空间余地的同时，中国却一直处于“过渡性转型发展体制”，充满活力，复合成长，拥有各种未来选项。因此，西方生怕有人动了自己既有的“奶酪”，所以在处理对外（对华）关系时，这主义，那主意，最后很自然地落在“保护”二字上。

基辛格咨询公司高管认为，新冠肺炎疫情将和“9·11”、北京奥运、全球金融危机等一样，成为“定义性”事件。事件之后，中国会以不同的方式看自己和别人，世界会以不同的方式看中国。

西方松弛的好日子过得太久了。美国人不像以往那样频繁跳槽，跨州迁移比例从20世纪70年代的3.5%下降到2010年的1.4%，新公司比例越来越低，创业精神衰落，创业领域单一，文化才智枯竭。年轻人行为端正，但比过去的同龄人更容易抑郁。

欧盟已无法进行实质性的改革，到处可见改革的“烂尾楼”。建制派不懂顺应人心，反建制派只会“反”不会“建”。“脱欧者”多多少少在“讹诈”，“留欧者”多多少少在“绥靖”。

国际货币基金组织总裁格奥尔基耶娃说：“中国不一样了，世界也不一样了。”[①]当西方绅士们完全不顾风度，截留医护物资，希望早日走出“冰河时代”[②]之时，中国为恢复经济活动，上下一心、众志成城，证明了自身超强的动员和应对能力。

大家都不一样了，打量对方的眼神也不一样了。我们应该怎么办？一如既往地勤奋，不盲从、不藐视，坚持底线思维，做好预案准备，准确识变、科学应变、主动求变。**APR 20, 2020**

① 出自德国新闻电视台2020年2月16日文章《没有“世界的工作台”可不行》。
② 出自英国《每日电讯报》2020年4月3日文章《随着病毒引发经济灾难，西方陷入衰退》。

外交，要善于利用意外的机会交朋友

我和当年挥舞鲜花热烈欢迎尼克松访问杭州的朋友共进晚餐，重温“小球推动大球”的乒乓外交佳话。

在 1971 年名古屋世界乒乓球锦标赛上，美国运动员格伦 · 科恩（Glen Cowan）因错过本国班车、搭上中国代表团大巴，而得到世界冠军庄则栋的礼遇和礼物——杭州织锦《黄山风景图》。庄则栋说：“我们中国人民和美国人民一直是友好的。”事后，科恩买了两件印有“let it be”（听其自然）字样的 T 恤，一件送给庄则栋，一件自己留着。

实际上，在出国前，周恩来总理就要求我国运动员“广交朋友”。毛泽东主席也密切关注外界对中国代表团的评价，因为“小球连大球”。庄则栋的表现让毛主席很满意，称赞他“很有外交头脑”。

然后，中国代表团邀请美国运动员访华。七天时间里，美国运动员爬长城、访故宫、逛杭州，当然少不了切磋球艺，少不了“能让则让”（周总理的指示）。再然后，基辛格博士两次秘访中国，中美关系取得重大突破，并最终促成了尼克松总统访华，中美正式建交。

回溯历史，我们可以圈点出很多经验。

——中国人民是包容、大度的。

——中美人民是友好的。

——要欣赏美国（美国人民≠美国政客）。

——要成为美国的朋友，必须“打不败”，具有足够的韧性，百折不挠。

——外交，要善于利用意外的机会交朋友（美方当时的判断：它绝不是一段孤立的插曲，而是一个盼望已久的重大外交进程的开端）。

——外交的使命，更多是破冰，外交要主动，要互动。

——外交是多层次的，国家外交、城市外交、科学外交、体育外交、旅游外交等，有统有分，归根到底是人的国际社交。

——决策要深思熟虑，行动要雷厉风行。

顺便提一句，乒乓外交最早是日本人的发明，这种运动“常见而无害”的特质让欧洲人改变了对第二次世界大战战败者日本人的观感，重新接纳他们进入了国际社会。MAY 25, 2020

外交的贬值和外交的希望

“迄今为止，在流派林立的西方国际政治理论界，恐怕还没有一部论著的影响能够超过汉斯·摩根索（Hans J. Morgenthau）的《国家间政治》。”1988年，令人尊敬的北京大学教授王缉思如此评价这部1948年出版的著作。

当我想不通“美国的外交怎么这样”乃至“美国怎么这样”的问题时，就会把这本史诗般的巨著从书架上取过来，翻目录，然后按目录索骥，去寻找在时空跌宕起伏中得到了充分验证的答案。

该书有个章节“外交的贬值”，简直是为当下的“独超大国”的外交量身定制的。摩根索先生写道：“外交官诡计多端和不诚实的名声与外交本身一样古老……这些机构，对和平事业毫无贡献，（反而）造成了危害。”他援引了一个闻名遐迩的对外交官的定义——“为他的国家而说谎的诚实人”。人们会很自然地联想到某位先生于2019年4月15日在德州农工大学（A&M大学）所发表的诚实演讲。他说：“我们撒谎，我们欺骗，我们偷盗，我们有完整的培训课程（We lied, we cheated, we stole, we had entire training courses）。”

摩根索呼唤外交“复兴”，要“摆脱几乎毁掉其功能的这些缺陷”，外交不能再被用作“一个目的在于追求世界统治权的政治宗教的工具”。

他进而提出了外交的希望——九项原则分别是：放弃十字军精神；外交目标由国家利益界定，国家利益由国家安全界定，国家安全必须界定为国家领土和国家制度的完整；以其他国家的观点来注视政治舞台；必须愿意在一切并非至关紧要的问题上妥协；为了实质性的真正利益放弃毫无价值的虚幻权利；绝对不要使自己陷入不丢面子无法退却和不冒风险无法前进的处境；永远不允许一个虚弱的盟国为你做决定；武装部队是外交政策的工具而不是它的主人；政府是舆论的领袖而不是它的奴隶。

摩根索为我们勾勒出了通向“国际生活最终理想”的道路，那就是外交。“所有善意的人们，只要认识到了复兴外交的必要性和复兴的条件，都可以共同努力。”在经济衰退和新冠肺炎疫情的双重打击下，国际社会要尽早走出贬抑外交的泥沼，以积极外交、阳光外交、数字化外交，再加上传统外交、走廊外交等，构筑基于国际和解的“世界共同体”。JUN 16, 2020

美国可能的后手棋

朋友来电，聊外部形势，我说就是超级过家家啊。

譬如，外人为什么总批评你，造你谣，甚至动手动脚？那是他们想当然以为你家里人丁兴旺，都在长身体，你分的蛋糕比以前多了，还想调整分配蛋糕的规则。但你力气大，做的家务比以前多，这些别人却往往故意视而不见。外人在你家兄弟之间挑拨，唆使邻居搅局，还占路、断电、停水。

还有个重要问题在于你的“三观”和人家不一样。别人曾满心以为，假以时日会多多少少改变你，后来发现你祖上留下来的东西根深、枝繁、叶茂，你不可能被人家“带”走。其实那些家伙也是虚伪得很，如果你真变成他们，他们会感到恐惧——因为你会吃得更多，而且可能和他们一样铺张浪费。一个地球哪够啊？四个地球都不够。

所以，不管你怎么弄，只要你茁壮成长，他无论如何都会感到不快。你如果“病恹恹”，他肯定不会紧张。当然，他会“帮”你看病配药打针，搞不好用上基因编辑的最新方法。

朋友问我担心什么，我说得提醒三件事情。

第一，要警惕外部"催变"内部。邓小平当年说道："不管怎样，中国需要稳定，稳定，再稳定……如果我们垮下了，中国的历史将会倒退几十年甚至一百年。"

第二，要防范人家的后手棋不外乎五个方面——"两美三片"。也就是，美军、美元（经济），土豆片（生活方式）、影片（意识形态）、芯片（高科技产品）。其中的美元（经济）方面，1.0是短期防衰退（打贸易战），2.0是中期保增长（也搞"铁公基"），3.0是长期促创新（减税），4.0是收放流动性（先降息，无底线宽松，然后突然加息，吸引全球热钱游资）。

第三，要反对轻飘飘地甩锅。我们的增长放缓，先于贸易摩擦，先于新冠肺炎疫情。我们的增长早不再是均质化的，反而是冷暖不均，区域加速分化。从地方层面，有理由可找，但是最好不要找共性理由。

虽然再也回不到CHIMERICA（中美国）的状态，但是两国可以是关系比较好的正常朋友。博弈（乃至斗争）中，一定能找到均衡点。美国棋子多，中国筹码多。Make a big deal，乃大势所趋。关键是成交前的日子怎么过。JUN 17, 2020

中国的困难，在明处、在近处；美国的危险，在暗处、在远处

中国拥有当今全球最多的人口，也由此可能面临着人类史上较多的问题。美国问题多多，但依然具有人类史上最强的国别与综合性竞争力。中国的优势，很多人看不清楚，但中国文明至少绵延了 5000 年。美国曾经茁壮成长，现如今独步天下，但是也就区区 200 多年，它的可持续性尚待进一步确认。

德国前总理默克尔（Angela Dorothea Merkel）说：“我们从小到大深知美国想当世界大国。若现在美国自愿放弃那个角色，我们就要仔细思量一下了。”①

美国正在加快目光向内，“美国第一”的本质是“美国唯一”。开放包容的立国之本（同时也是其先进性之源头）正在被不断蚕食。美国变得越来越单一、排他、胁迫、霸凌、朝令夕改、不可预测。而美国只有一条路——向内走。

中国的困难，是说太多、说过头，做太少、没做好，因此招惹麻烦甚至祸端。美国的风险，是既要算大账、又要算小账，既想算未来账、又想算眼前账。抽象地讲，两国的解决方案是一致的——经济内外循环相对均衡，对外开放持续推进。对中国来讲，“向内”既

是手段也是目的，相辅相成。对美国来讲，“内向”不是它的风格，更不是强项。至于开放，中国是铁了心了，相信老美也会回心转意。只是，时间窗口不等人，错过了，往往就是永恒的过错。

顺便分享一下医学上的“双循环”知识。人体血液通过体循环和肺循环不断运转。动脉血由左心室经主动脉及各分支流向全身毛细血管，汇集到上下腔静脉，最后回流至右心房，称为“体循环”（大循环，greater circulation），其主要特点是路程长，流经范围广，滋养全身各部，动脉血变成静脉血，将代谢产物和二氧化碳带走。静脉血由右心室经肺动脉流向肺部毛细血管，与肺泡进行气体交换，吸收氧气排出二氧化碳，经肺静脉，最终回流至左心房，称为“肺循环”（小循环，lesser circulation），其主要特点是路程短，只通过肺，将静脉血转变成含氧丰富的动脉血。血液在心泵的作用下周而复始地流动，相互连接，构成完整的循环系统。

我们所要坚持的，是构建“国内国际双循环相互促进的新发展格局”。当然，因为中国是“大国经济体”，我们的内循环也够大，而且具有高成长性。但是，这不是我们疏于参与更大的国际外循环的理由。

JUL 7, 2020

---

① 出自默克尔 2020 年 6 月 26 日接受媒体联访。原文是：We grew up in the certain knowledge that the United States wanted to be a world power. Should the US now wish to withdraw that role of its own free will, we would have to reflect on that very deeply.

需要认识几个“当然”

国际国内双循环，当然是互相促进、互相依存的关系，而不是非此即彼、非黑即白的排他关系。以国内循环为主体，当然不是出口转内销。我们肯定没有一丝一毫的闭锁念头。如果没有肺循环，何来细胞供氧；没有体循环，营养成分如何吸收以及分送。那些认为中国将死守国内市场，独尊国内循环的言论，要么是幼稚的，要么是别有用心的。

中美，当然无法全“脱钩”（totally decoupling）。美方气势汹汹的（硬）“脱钩”之举，是制造高压，背后当然是为了既不“脱钩”（获取利益），又能唬住中国（接受其格式化）。decoupling 在 IT 业界又翻译成“去耦 / 解耦”。第四次工业革命就是从大企业主机（集中式）时代走向互联网（分布式）时代，就是从软件 / 硬件去耦，操作系统 / 应用软件去耦，主机 / 网络去耦，现在的数据 / 服务去耦，走到微服务阶段。

美国当然希望“改变中国”（美方设计路线），而不会是“中国改变”（中方设计路线）。

对我们而言，最大的风险当然来自内部。看热闹的“没事人”、不嫌事大事多的“双面人”太多了。

我们要做的，当然是自己少犯错误，不能和别人一起犯浑犯错。

对外部胡搅蛮缠的最好反击，当然是对自己人更好，把改革的红利更多、更快、更实地释放给自己的市场主体、社会主体。外部环境跌宕起伏的紧张期，当然就是内部改革的时间窗口。

职能部门当然要少做事，当然要把少量必须要做的事情做好。而不是反过来，忙得不可开交，给市场和社会帮倒忙。

职能部门当然永远要过紧日子，这个与外部形势紧张与否当然没关系。JUL 28, 2020

不想多说，但又不得不说的话题

中美关系是不想多说但又不得不说的话题，因为不管中国人怎么说，当下的美国是不想听的，听不进的。但美国还是有一大批有识之士公开站出来，坚定地呼吁："在大国政治中，形式服从于功能。"[①]

但是特朗普显然不想要这些形式了。"中国将受益于这种反转的'人才外流'（指美国将中国学生排除在 STEM 专业之外[②]）"。"美国将不得不放弃成千上万名工程师和科学家的贡献"。[③]

殊不知，这些人回国，将强化中国的科技创新动能。"这种动能促使中国向前，尽管美国千方百计拖延中国优势上升的步伐"。

"有些事情太不对头了"，"把这个国家凝聚在一起的社会和睦感少之又少"，"应该把这种社会重疾（分歧）看作是美国大战略的'阿喀琉斯之踵'，而不是政治对手们可以利用的商品"。[④]

"奇怪的是，在美国，负责治理国家的人过去和现在都不愿把人民放在首位"。"国家士气和政治文化"的重要性被忽略。美国的"各个层面错配"将导致"大战略很可能会失败，或至少变得低效得多”。“更大的危险在于，我们将过度依赖军事力量而忽视其他一切能够带来团结、健康和力量的政治、经济和道德因素”。[5]

“文化疏离”正在瓦解“里根革命”的红利。新一代更年轻、更冲动的保守派希望摆脱自由市场哲学，走下不干涉经济理论的象牙塔，支持“产业政策”和政府帮助，拒绝遵守国际公约，以此作为美国未来的“指南针”。您有没有注意到，美国不正走在自己曾经反对的方向上吗?

奥巴马执政时期，“华盛顿再次将自己定位为融合点，因此获得极高影响力”。而特朗普是“单边主义和孤立主义集大成者。在这种情况下，华盛顿失去了融合国际社会的所有能力和影响力”。“其结果是，美国已成为一个不可靠的对话者，进而成为一个领导力遭严重质疑的国家”。“华盛顿提供的只有极端主义、取消盟友资格和前后矛盾”。“盟国以不同的眼光看待美国。联盟的基础是可靠性和可测性……退位后想拿回王位就很难了”。[6]

不少美国人提出：“既然‘颜色革命’能在全世界取得胜利，为什么不能在自己的家中取胜呢？”[7]国际热战的概率是小的，美国新内战却将愈演愈烈。“他用内战术语来诋毁示威者”[8]。美国企业家和政客“脱钩”、美国各州和联邦“脱钩”、联邦职能部门和白宫“脱钩”的案例，在不断增加。

有些民主党人说，如果他再当选，我将移民到加拿大；有些共和党人说，如果他败选，我将移民到加拿大[9]。“2019 年全年，有 2 072 人放弃了自己的美国国籍。而 2020 年仅仅过去 6 个月的时候，放弃美国公民身份者数量就达到了 5 816 人”。“尽管放弃美国国籍会带来一定风险，但这一趋势只会继续上升”。[10]

“零售业的未来在亚洲”[11]。随着亚太地区成为诸多方面的引领者，“全能美元”的地位将被削弱。“从心理上讲，各国往往会将邪恶的动机归于别人，把良好的动机归于自己”[12]。如果美国不降低对其他国家的敌意，不减少“旧西部手段”，企业资产的币种多元化浪潮将不可阻挡，以免于被制裁或没收。

对我们而言，能改变和调整的只有自己，坚定地走自己的路，不要匆忙针锋相对，不斤斤计较，不拘泥于一个时间点和一个城池的得失。少犯错误，就是最大的胜利。AUG 31, 2020

---

① 出自美国 2020 年 8 月 12 日《国家利益》双月刊网站发表的美国传统基金会副主席詹姆斯 · 杰伊 · 卡拉法诺的文章《朝鲜战争的五大教训》。

② 2020 年 5 月 27 日，美国提出《安全校园法》，禁止中国公民在美国 STEM 领域获得研究学生签证。

③ 此句出自 2020 年 8 月 23 日德国《每日镜报》，美国克莱尔蒙特麦克纳学院教授裴敏欣，《没有记者、没有学生、没有语言课》。
④ ⑤ 此句出自 2020 年 8 月 16 日美国《国家利益》双月刊网站，《新冠病毒如何暴露美国安全战略缺陷》。
⑥ 此段出自 2020 年 8 月 17 日西班牙《中国政策观察》，委内瑞拉前外交官阿尔弗雷多·托罗·阿迪，《美国、中国及其追随者》。
⑦ 出自 2020 年 8 月 12 日西班牙《起义报》，《美国的悲剧》。
⑧ 出自2020年8月16日西班牙《先锋报》,《对唐纳德·特朗普的全球不信任》。
⑨ 2020 年在美国总统大选第一次、第二次辩论期间，大批唐纳德·特朗普和乔·拜登的支持者都开始“移民到加拿大”的搜索，大选辩论期间及结束后，社交网络上也出现了大量表示移民加拿大的言论。
⑩ 此段出自 2020 年 8 月 9 日，纽约班布里奇会计师事务所（Bambridge Accountants），《美国人继续以创纪录的水平放弃公民身份》。
⑪ 出自 2020 年 8 月 21 日美国石英财经网站，《零售业的未来在亚洲》。
⑫ 出自 2020 年 8 月 15 日美国《国会山日报》，美国乔治·华盛顿大学国际关系教授阿米泰·埃齐奥尼（Amitai Etzioni），《一个鸽派对缓和对华关系的呼吁》。

企业家说，不要太关心中美关系

最近，我参加了一次与企业家的座谈。这些企业家都是蛮有分量的，在全球运营综合性业务。所以，我有点想当然，以为他们关心阴晴不定的国际政治，尤其是中美关系。毕竟，奥巴马这样的政治家都曾在其执政期间公开讲，中美关系是美国最重要的双边关系之一。美国前驻华大使布兰斯塔德（Terry Edward Branstad）卸任时表示，中美关系是世界上最重要的关系，要努力调整好。而中国，显然将中美关系作为“重中之重”，放在全球议程之首。

而企业家的逻辑，简单到让人无法辩驳。

——中美关系当然重要，但是没有新冷战，更不是在啥蜜月期，就是江湖老大有心无力，后起之秀财大气粗。大家都明白，未来是此消彼长的。江山代有才人出，这是客观规律，江湖老大也不是无法接受新秀，但是总会明里暗里搞点动作，毕竟戏台是他搭的。后起之秀学习能力强，原来多少有点愣头青，撞了几次南墙，就啥都懂了。

——“僵而不硬 + 斗而不破”“跌宕起伏 + 峰回

路转”“船到桥头自会直 + 有路必有丰田车”。所以，没必要天天像“盯股票盘面”一样盯着中美关系，让子弹多飞一会儿好了。我们这些企业又没大到华为、腾讯、字节跳动等这样的规模，但我们 2020 年出口增长 40% 的原因，就是我们只抓一件事情——以创新提品质，让我们的产品具有更强的竞争力。当然，如果你非要把竞争力上升到不可替代性，我们也是做不到的……

——天塌不下来，如果真要天塌地陷，咱们谁也没处躲，只有一起扛。国内的政商关系，现在解套了，“亲 + 清 = 轻松”，不用花太多精力去维护。企业家，就应该回归本质，做好“三个健康”——企业经营健康，家庭关系健康，个人身体健康……

听了企业家们的一席话，胜读十年书啊！

SEP 23, 2020

穷人不能怨恨比他勤奋的穷人

英国哲学家伯特兰·罗素（Bertrand Arthur William Russell）在《幸福之路》写道，乞丐并不会嫉妒百万富翁，却会嫉妒比他混得好的乞丐。确实如此，越是有权、有势的，越不会遭人恨。人们天然地赋予他们一种合法性和优越性的光环，他们甚至拥有豁免权，可以自由行事。在当代国际关系上也是如此。譬如，“美国第一”（America First）、“美国例外”（American exceptionalism）、“命运天定”（manifest destiny）等被广为接受，以至于成为“天条”（high law）。

七国集团（G7）在共进退，金砖国家却步履蹒跚。非洲联盟、加勒比国家联盟等都难有作为。65 年前万隆会议（1955 年 4 月）所开创的盛景，已很难重现。就抱团程度而言，发展中国家远逊于发达国家。

“重债穷国”之间的纷争越来越多地冒出来，狼烟四起。在全球生产分工体系和价值分配网络中，这些国家本就处于不公平地位，长期被人“薅羊毛”。但它们不是协同申诉，去改变命运，反而将矛头对准“勤劳致富”“勤俭持家”的难兄难弟。

兄弟同心，其利断金。需要大家团结、合作、行动，从短期看，这是抗击疫情的有力武器；从长期看，这是改变在全球供应链位势的坚实动作。就中国而言，改革开放 40 多年，有了点小积累，但是我们依然余粮不多、底子不厚，一定要搞清楚自己究竟有几斤几两，口气不能比力气大。另外一方面，一定要坚定不移地把“一带一路”倡议作为优先联结发展中国家、创新链接发达国家、推进高能级新开放、“熔解”国际投资贸易旧规则的管总规划。

“一带一路”倡议是开放包容的，不限国别，不是实体，不另起炉灶，不封闭排外，不控制他国经济，不改变他国政治，有意愿的国家和经济体均可参与。在这个平台，包括穷兄弟们在内的各个国家都可以敞开心扉，文明互鉴，消弭误会，起而行之，携手向前。

JUN 4, 2020

服务贸易是全球化的方向盘

“强全球化”和“弱全球化”，“顺全球化”和“逆全球化”，“新全球化”和“旧全球化”，“全球的全球化”和“区域的全球化”，“泛在的全球化”和“排他的全球化”等都并存着。没有人不要全球化，没有人要不利于自己的全球化。“脱钩”是现实风险，“嵌套”是内生动力。驱动全球化的，是贸易及其延伸、衍生的经济活动。全球化的油门，是货物贸易。全球化的方向盘，是服务贸易。

国际服务贸易包括跨境提供（cross-border supply）、境外消费（consumption abroad）、商业存在（commercial presence）和自然人移动（presence of natural persons）。2019 年，我国服务贸易逆差 15 024.9 亿元，相较于上年下降 10.5 个百分点，但依然是全球之最。美国以无与伦比的服务供给能力，长期霸占着最大受益者的地位。

让我们紧张的，不是货物贸易的“硬脱钩”，而是服务贸易的“急升维”——美日欧等经济体通过提升服务贸易门槛和标准，让中国沿着他们铺设的轨道，继续狼狈地追跑。美日协议的联结（美墨加协定和全面与进步跨太平洋伙伴关系协定， USMCA+CPTPP）可能筑起服务贸易新战场（数字贸易）的新篱笆，即创造一个强大的国家集团（a powerful block of nations），包括设立世界数据组织，并制定新的数字货币“金本位”（gold standard）。

我们依靠自己的禀赋和勤奋，已成为货物贸易的重要玩家。但直到今天，我们在服务贸易领域的议题设计、议程设计和规则设计能力，仍然相当欠缺。如何通过头部地区（非上海莫属），迅速做强服务贸易功能，提升服务贸易能级，是当务之急。

对内开放，对外开放，对未来开放，比美国还开放，主动开放……我们的准备度如何？全部准备妥当了再开放，等得起吗？我们理解服务贸易，可从加了时间维度的“事件”这个角度切入进去。要从“踩油门”转到“把方向盘”，刻不容缓！ JUN 8, 2020

关于伦敦金融城，我们还应该了解的

——金融城的核心理念：便捷就是价值。

——口头承诺即有效保证。

——金融城规划官员："一个城市的成功不仅仅是有摩天大楼，还应该有可利用的空间。任何国家的人们都会闲聊，有人闲聊的地方就会是生意产生的地方。""狭窄的街道和密集的酒吧，是伦敦金融城的优势之一。"

——金融城的很多金融机构诞生于咖啡馆内。我们甚至可以说，是咖啡馆成就了金融城。

——金融城一直是世界级的专业服务（会计、法律、管理咨询等）和商业服务中心。

——金融城集聚了 23 890 家企业（截至 2019 年），其中大企业（雇佣人数超过 250 人）只有 280 家，中小企业占到 99%。

——这里充满活力的商业生态系统，是世界上任何其他地方都没有办法比拟的。伦敦金融城依然是全世界最适合企业做生意的地方。

——政府并非简单地采取不干预政策以保持其活

力，实际上，伦敦金融体系的产生和发展具有一定的超前性，是通过有关部门的人为设计、强力支持而产生的。

——《纽约》杂志："简单地说，纽约就是身着开襟羊毛衫的伍迪·艾伦（Woody Allen，美国电影导演），而伦敦就像是盛装装扮的莉莉·艾伦（Lily Allen，英国天才女歌手）。"

——巴黎人为拉德芳斯（La Défense）在英国大打广告，广告词风趣又巧妙双关："对雾疲倦了么？试试青蛙吧（Tired of the Fog? Try the Frogs）。"英国人把法国人称为"青蛙"，法国人打出的广告，附和了英国黑色幽默的作风。 MAY 7, 2020

“断流”，是解决经济循环问题最不负责任的办法

昨晚，我做了一个稀奇古怪的梦：有两群人，一群人（数量比较多）在开凿、疏通地球村的沟渠，让水流畅通起来，灌溉沿线地区的庄稼，人畜可以取而饮之；另外一群人（数量比较少），仗着处于上游的优势，时不时根据一己之需，或增筑闸门，进一步提升自己这段的水位，或开出高价，向下游横征暴敛，有的时候，无预警开闸，无底线放水，让下游苦不堪言。

早上起来，我想了良久。市场经济是流量经济。全球每年近 100 万亿美元的经济活动增加值，川流不息地奔腾在共建共享、互联互通的“沟渠”中，形成广袤的经济循环。流留结合、流留变革、以流促留、以留引流，从而促进了基于“流－留－变”的经济共同体。

水是怎么流起来的？有动能。动能从哪里来？由势能转化而来。势能，则是源于落差（至少是制度差、理念差、技术差、市场差、成本差、心理差）。从这个角度看，数量少的那群人，由于诸多原因，处于上游、先发位置，利用势能、积极赋能，催动、引领全球经

济大循环。但是必须看到，这尚是朴素、原始的“后向流动”。此外还有“前向流动”。为什么美国吸引了全球最多的留学生？在美国的中国留学生人数占了在美国际生总数的三分之一多，这是“人往高处走”使然。但是，现在情况发生了重大变化。更应该看到，横向的对流越来越显著。你有先进技术，他有充裕资金，她有专业服务，我有超大规模、超快成长的新兴市场（全球最大的单一市场）……在这些要素面前，我们都是平等、对等的，相互依存的。

举个简单例子。我们每年从澳大利亚进口大量铁矿石，它要是断供，我们怎么办？其实，我们也可以反问，我们如果“断购”，它怎么办？“断流”，是解决经济循环问题最差、最不负责任的办法。

举个复杂例子。美国会将中国香港逐出环球同业银行金融电讯协会（SWIFT）国际结算系统吗？99%不会，因为SWIFT不是完全由美国说了算。中国要做的，是有定力、有魄力地把自己的事情做好。

最大的事情，就是继续做经济全球循环的促进派，物畅其流、人尽其力。想到老领导黄奇帆的一句话：“货币，货币，有货就有币。”我们是市场大国，未来是消费强国，只要有货便捷地进进出出，我们自己的“币”（一般等价物）就一定能在“计价货币－结算货币－投资货币－储备货币”的路径上，不断迭代。

JUL 21, 2020

中国在哪里？

如果说，“现在欧洲正处于一个十字路口”[①]，那么美国正处于一个山口。它曾一直朝大山外面走（眺望天际线以外的那一边，迈着坚定步伐，奔向远方），今天却原地打转，甚至想朝大山深处走去。

中国究竟在哪里？《山坳上的中国》《黄河边的中国》《长江边的中国》[②]……中国人、中国货，买全球、卖全球，惠及全球。有朋自远方来，不亦乐乎？中国要让远方来的朋友更加便利，把中国市场变成他们自己的主场。这是空间维度。

中国究竟在哪里？中国既有农耕文明，又有工业文明，还有生物文明、金融文明，更有数字文明。工业化中期、工业化后期、后工业化的特点，杂糅在我们的国度；空前多元、“混序”发展，奠定了大国经济体回旋空间广袤、政策工具丰富、发展后劲扎实的本底。这是时间维度。

中国究竟在哪里？中华人民共和国成立前，挨“打”；成立后一段时间，挨“饿”；现在，挨“骂”，被部分国家的部分政客抹黑、污名化。中国从要素流动驱动到制度成型保障；从准确识变到科学应变，再到主动求变；“于变局中开新局”，到高质量发展、高效能治理。这是状态维度。

中国究竟在哪里？在我们的心里、脚下、手中。人民至上，人是最“小”国，国是最“大”家。中国“两会”，首个在新冠肺炎疫情期间举办的重大政治活动，传递着历史转折之际的最强音——中国稳中向好、长期向好的趋势不变；国家现代化和国民现代化的决心不变；融入全球、引领人类命运共同体的理念不变。

顺势而为，乘势而上。大海再喧腾，中国更稳健。

MAY 29, 2020

---

① 出自 2020 年 5 月 20 日德国之声电台网站刊登对伦敦大学国王学院中国研究院院长克里 · 布朗（Kerry Brown）的专访。布朗认为，现在欧洲正处于一个十字路口。

② 《山坳上的中国》，作者何博传，1989 年贵州人民出版社出版；《黄河边的中国》，作者曹锦清，2000 年上海文艺出版社出版；《长江边的中国》，作者华民，2003 年学林出版社出版。

美国在哪里?

美国日渐力不从心，在“新利己主义”的指导下开始战略回撤。第一个具有 MBA 学位的总统，在其任期内，经历了不幸的“9 · 11”（2001 年）和“次贷危机”（2007 年），为美国历史转向，打下了深深的桩基。

2007 年是经济衰退的开始，2017 年是政治衰退的开始。后者的标志，就是英国脱欧，美国“脱”美（不像美国，变成自己曾经深恶痛绝的样子）。美国“脱”美的标志，是豪横企业家在白宫开启新的一轮政治周期。

人们看到，帕金森定律（Parkinson’s Law），亦被称为“组织麻痹病”，像幽灵一般飘荡在白宫上空，令人不禁想起被誉为“俄罗斯诗歌的月亮”的阿赫玛托娃的名言，“众所周知，未来在到来之前，早已投下了它的阴影”。[①] 当下的白宫文化，就是发号施令者高高在上、感情用事、激情决策，物色听话但是平庸的下级；下级物色更加听话但是更加平庸的助手。这种文化的内核，就是绝对化、排他性、封闭式、系统性一致。

美国是可以“脱”美的，但中美是无法“脱钩”的。星巴克（Starbucks）高管说，昆山是其创新产业园落地的理想之地。在诸如此类大项目的共同推动下，2020 年第一季度，苏州实际利用外资增长 163.3%。瑞银的报告说：“大家似乎没有急于离开中国。”与此同时，美国内部（企业家和政治家）意外“脱钩”的大戏却正在持续上演：罗杰斯（James Beeland Rogers Jr.）举家移居新加坡，脸书（Facebook）一度将数字货币 Libra 系统注册在瑞士，马斯克说和本国官员没有共同语言……

帕金森定律有个逻辑原点——定型、固化的优越感，总觉得自己更美好、更富有、更文明。你是我的债权人，so what？它照样鄙视、霸凌。当优越感式微、瓦解，取而代之的是愤怒、怨恨和嫉妒这些“妖怪”，回不到瓶子中的“妖怪”。

美国最近有篇文章写道，历史常常出现意想不到的发展，为那些有足够勇气抓住机会、摆脱思维定式、愿意迎难而上的人打开大门。不管美国在哪里，中国坚如磐石地当好建设者和建制派。 **JUB 1, 2020**

① 出自《安·阿赫玛托娃传》【俄】帕甫洛夫斯基著，辛冰译，四川人民出版社 2000 年 8 月版。

经济纵谈

市场经济是循环经济。循环着的市场要素，组成了各种各样的“流”。“流”的终极目的，就是“留”。“流”和“留”的决策、组织、优化，就是自由贸易实践。市场主体的自由贸易实践的集合，就是生产力布局。最理想的布局，就是流留结合、以流促留、共建共享、互联互通。

“跃迁”到未来

参加某次活动，我一口气说了几个“跃迁”。

第一，从准确识变、科学应变，跃迁到主动求变、未来引领。10~20 年后，上海中心城区拿什么参与区域合作竞争？

第二，从要素驱动（便宜）、效率驱动（便利），跃迁到创新驱动。这就需要集聚更多的年轻人。得青年，得天下。青年人要“争”起来，争优抢先。

第三，从本地化、区域化、国际化（国际主体在中国运营），跃迁到全球化（国际主体在全球运营）。根植上海，辐射全国，服务全球。

第四，从存量、增量，跃迁到流量。流留结合，以流促留。流和留的辩证统一，才是“节点”和“枢纽”，才是“窗口”和“风向标”。

第五，从新生产、新生活，跃迁到新交易（数字经济）。我们要像重视经济数字一样，重视数字经济。“数字”是新兴动能，是基础设施，同时也是交易标的。

第六，从尖峰和高原，跃迁到廊道（要长出经济功能，不能只是交通走廊）和网络（全球生产分工和价值分配网络）。“十四五”期间，上海中心城区东西向的产业廊道应该得到优化，南北向的产业廊道应该得到强化；“中环金腰带”要发挥空间缝合作用，“外环银腰带”要发挥要素疏导作用。

这些“跃迁”，组合在一起，将发挥全方位、深层次、根本性的“促变”效应。JAN 3, 2020

在分化发展的新阶段，套路越少的地方，出路越好

课题组像神行太保一样，风风火火，走南闯北，将调研报告写在祖国大地上的同时，也强烈感受到区域分化在加速。这种分化，非常直观地表现在公务部门的“手势”上。

东三省，依然套路盛行。胸脯拍得响，表面功夫强，貌似比谁都努力，比谁都讲规程。想得浅、说得多、做得虚。实际效果就像在跑步机上百米冲刺，气喘吁吁，却没有前进半步。已到了不狠心自我革命，就看不到出路的危险境地。问题是，有几人能釜底抽薪，打翻自己？

一湾之隔的大山东（坊间叫“葱省”），情况就颇不一样，正厉行新旧动能转化。深反思、找方向、寻线索、定目标、压指标、明坐标。当然，问题是在过程中积累而成，也只能在过程中渐进解决。但是它在“动”、在“转”、在“破”、在往前“拱”，干部们的“思想之水”沸腾了。在大创新、急切换之际，多少有些手忙脚乱，但是之前的套路被冲垮了。这是莫大的进步，聪明的进步。

很多人说地方经济工作越做越难，原因在于不愿意走出自己的舒适区，深陷于旧路径，摆脱不了老套路，无法适应新时代的节拍和高质量发展的“游标卡尺”。怎么办？其实也不难。

第一，承认本领恐慌，向市场学习，跟年轻人走。第二，把工作做在过程中。譬如，抓营商环境，很多人只关注“生得便捷”“死得利索”，而更紧要的，是让企业“活得好”“长得好”。第三，管住自己的双手。有形之手，肯定有作用，但是它的作用是有边界的。有效的市场经济，是有形之手耐得住寂寞的经济。有形之手能自我收敛，套路就不会那么多，市场的出路就不会被“挤”扁，自然都是康庄大道。

JAN 22, 2020

自贸试验区，是“药引子”；差异化探索，是“牛鼻子”

自由贸易试验区，它不能解决全部的问题，但它一定是解决问题中最管用的利器之一。

《中国（北京）自由贸易试验区总体方案》重在全面落实关于深入实施创新驱动发展、推动京津冀协同发展战略等要求，助力建设具有全球影响力的科技创新中心，加快打造服务业扩大开放先行区、数字经济试验区，着力构建京津冀协同发展的高水平对外开放平台。其中最有看头的内容是，“强化自贸试验区改革同北京市改革的联动”。

《中国（湖南）自由贸易试验区总体方案》重在全面落实加快建设制造强国、实施中部崛起战略等要求，发挥东部沿海地区和中西部地区过渡带、长江经济带和沿海开放经济带结合部的区位优势，着力打造世界级先进制造业集群、连通长江经济带和粤港澳大湾区的国际投资贸易走廊、中非经贸深度合作先行区和内陆开放新高地。

《中国（安徽）自由贸易试验区总体方案》重在全面落实关于深入实施创新驱动发展、推动长三角区域一体化发展战略等要求，发挥在推进“一带一路”建设和长江经济带发展中的重要节点作用，推动科技创新和实体经济发展深度融合，加快推进科技创新策源地建设、先进制造业和战略性新兴产业集聚发展，形成内陆开放新高地。

浙江自贸试验区自2017年设立以来，取得了阶段性建设成果，总体达到预期目标。此次《中国（浙江）自由贸易试验区扩展区域方案》坚持以“八八战略”为统领，发挥“一带一路”建设、长江经济带发展、长三角区域一体化发展等国家战略叠加优势，着力打造以油气为核心的大宗商品资源配置基地、新型国际贸易中心、国际航运和物流枢纽、数字经济发展示范区和先进制造业集聚区。

以上四个方案有不少共性要求：以制度创新为核心，以可复制、可推广为基本要求，赋予更大改革自主权，开展差别化探索……这次的方案，应该说，更加有针对性和操作性，细化、具体化、升级化，更加咬合国家战略、贴近全球合作竞争的需要。

国家给了“帽子”，给了“药引子”。贯彻落实，还是要看各地八仙过海各显神通。这就迫切需要各地对政策“粮票”开展基于应用场景的“二次创新”，同时，构建好自贸试验区的运管框架（克服“合成谬误”，避免“空转”“虚转”“闲置”“搁置”），协调好与其他区域的关系（加强次区域融合、跨区域联动）。

有了这张“粮票”，可以打通很多从 0 到 1 的路径。没有这张“粮票”，也可以“无其名，有其实”，自我落实改革创新，积极复制、动态适配。关键是，扭住差异化探索这个“牛鼻子”。SEP 21, 2020

主动求变，开展差异化探索

“十四五”期间，各地在场景可靠、风险可控的前提下，可以多一些差异化探索行动。牵引此行动的，是竞争型思维。改革开放 42 年来，我们实现系统性崛起的法宝之一，就是各条块之间比学赶帮、人无我有、人有我优、人优我变，抢先争位、不甘落后。

本轮五年规划编制工作，规定动作不少。从内容到体例，都有详细的操作规程和指导意见，但是不能“上下一般粗”，机械地做“重复机”和“传声筒”。我们既要贯彻顶层管总战略，也要咬合基层突变需求，从而拿出动态适配的政策供给组合。

各条块所面临的外部环境（市场面逻辑 + 社会面逻辑）是千差万别的，是持续演化的，而且是加速分化的，是冷暖不均的。大家不再齐刷刷地骑在世界经济、中国经济、区域经济的牛背上。好的政策供给，既要“接天气（上位要求）”，又要“接地气（市场情绪）”，还要“接洋气（全球环境）”，促进趋势和优势的融合，推动潜在场景项目化、规模项目企业化、优质企业证券化、证券公众化。

全国一盘棋、一个主题（高质量发展）、一条主线（供给侧结构性改革）等，这是共性要求。基于不同时空条件，应采取不同节奏，聚焦不同发力点，匹配不同的政策力度等，这是个性化的科学决策、精准施策。时代特征（趋势性）、中国特色（政治性）、区域特点（阶段性）、自身特质（结构性），这些可都不是空话，而是实事求是的自我把握。

我们"读取"到，上海"十四五"的首要工作是市场高级化和国际化；浦东倍增的"牛鼻子"是路网加密；徐汇是资源活化、系统集成；静安是全球服务、全国服务；奉贤是国资国企的纵向协同……

北方多地，未来五年的头等大事，是干部精神的坐标校正和加固。NOV 24, 2020

浦东要系统性崛起

22

浦东的崛起，既有点上的突破，也有面上的变革，还有块上的创新，更主要的，它是系统性的崛起。整个 1 210 平方公里是混序发展的。浦东充满各种元素，元素之间的关系是生动的、具象的、多元的。

浦东完美地组合了三个逻辑——市场逻辑（塔基）、政策逻辑（塔身）和政治逻辑（塔尖）。极点思维政策，催生了拐点路径和效应。各种各样新奇的、颠覆型的、突破型的东西都来到了浦东。

根据联合国的工业产业划分标准，浦东的完备率超过 80%，是国内工业门类齐全性最优的区域，这也是浦东系统性崛起的印证。在浦东，不仅有这些先进制造集群，还能看到自由贸易集群、科技创新协同体系和共同的美好生活，这些成功是中央和地方积极性叠加的成果。

浦东面向下一个 30 年，要有当年的气魄和担当，要考虑新生代的业态、心态、生态和形态。浦东可以率先实施“全球伙伴计划”。原来的规划，多是物质层面的规划；新的规划，应当是包括心理层面、精神层面的规划。

浦东应当包容性发展。因为这是一个混序型生态，不能只要高大上、不要中小微。临港新片区要成功，需要同步和同频。同步就是要和高标准贸易规则同步，同频就是要和浦东同频，二者不能分割。

总而言之，浦东已经是中国的“头部地区”，正在向世界级“头部地区”铿锵疾进。APR 16, 2020

上海全面动起来了，点赞！

各区密集召开“两会”。哪位有心人，如果能把16个区的政府工作报告收拢来，仔细琢磨下，不难发现，大家谈问题的篇幅更多了，态度更实诚了，后面跟着的应对措施更精准了。

人事调整，如同“搓麻将”。说大话不出活的，端着、装着、陪着、晃着、庸劣的，被换出去。想事、做事、成事的，被珍惜，得到重用。

“现象级事件”背后的逻辑，逐渐被梳理出来。譬如，代表“上海速度”的特斯拉超级工厂为什么能开花结果？原因是，市区相关职能部门系统集成的超级机制在发挥作用。下一步，就是将“一事一议”的超级机制，优化为代表“上海质效”的超级制度，固化为代表“上海未来”的超级治理，让它发挥超级竞争力。

特别需要强调，成功招引特斯拉，还因为上海的相关团队懂科技、懂产业、懂企业、懂企业家。招商引资，除了拼“店小二”精神，越来越需要“懂”对方。上海临港，可能是国内最早喊出“智能网联汽车”的地区。特斯拉 CEO 埃隆 · 马斯克（Elon Reeve Musk）多次直截了当地表扬上海的服务团队和领导，因为“懂”他，他就能愉快地做决定。

有快有慢，有深有浅，有主动有被动，但是总体而言，职能部门按下了务实快进键。经常听到这样的感慨：再也不能在办公室想问题；再也不能让问卷替代调研；一天不学习就跟不上市场和技术的变革步伐；要对得起初心，努力扛职责；以前我们是应变型思路，今后要主动求变……

最让人有底气的，是企业也动起来了，慢慢从“止损”转变为“布局”。有不少中小企业家说，2020 年可能是个惊喜的年份，因为政策措施空前好，部门态度空前好。他们唯一担心的，不是市场，是政策和态度的可持续性。

这种“动”，是具有“传染性”的，相互触发、牵引、强化。大家一起来呵护，全方位、深层次、根本性地动起来吧！ JAN 16, 2020

以自由贸易精神，促进上海 16 区之“系统集成”

上海如何参与经济循环新格局？现在耳熟能详的是，做国内国际双循环的“战略链接”，做国内大循环的“中心节点”。

上海是不是再加两项工作？一是长三角更高质量一体化循环的“赋能策源”，二是市域16区内循环的“系统集成”。尤其是后者，尽管这几年获得长足进展（譬如让企业在各区之间自由迁移），不过还是有广袤的潜力可挖。有形无形的“隔断”，有意无意的“梗阻”，还是非常顽固的。克服 16 区的“合成谬误”任重道远。绝对不应该出现“画地为牢”“以邻为壑”的错误做法。

现在，全国有 21 个自由贸易试验区。上海是第一个（2013 年 9 月 29 日），还增设了临港新片区（2019 年 8 月 20 日）。但是人们对自由贸易的理解，还多停留在“涉外”“国际”“全球”的概念上，以为只有在“请进来”或是“走出去”之际，才需要自由贸易。

其实，在本土开展经济活动，即便纯粹是内循环，同样需要自由贸易的精神、规则。自由贸易，不只关乎贸易，不只关乎国际交互，它关乎市场深化，关乎市场经济高级化。可以说，指挥市场这只看不见的手的力量，是两只同样看不见的手——利益和自由贸易精神。自由贸易精神，从静态（商品交换）和动态（企业竞争）两个角度，在创造价值、增进利益。

市场经济是循环经济。循环着的市场要素，组成了各种各样的“流”。“流”的终极性目的，就是“留”。“流”和“留”的决策、组织、优化，就是自由贸易实践。市场主体的自由贸易实践的集合，就是生产力布局。最理想的布局，就是流留结合、以流促留、共建共享、互联互通。16 in 1，是上海发挥“战略链接”“中心节点”“赋能策源”等功能的基础性任务。OCT 20, 2020

未能“转正”的经济增速，值得反思

全国 31 个省份陆续公布了 2020 年前三季度的 GDP 数据。上海在长三角 27 个城市中，GDP 增速排名是最后的。广东总量最大（78 397 亿元），江苏增量最大（2 132 亿元），西藏增长最快（6.3%）。增速未能转正的有 5 个省份和直辖市，分别是湖北（-10.4%）、内蒙古（-1.9%）、黑龙江（-1.9%）、辽宁（-1.1%）、上海（-0.3%）。

上海的前三季度发展，总的来说还是可圈可点的，质量高、布局早、有担当。但是下降 0.3%，让人有点意外、深感遗憾。出于对上海的高标准、严要求，是不是可以从以下几个方面反思总结一下？

——前几年对招商引资重视不够，高高举起，轻轻放下。招商促进的机制可能需要重新架构。

——产业导向出现了一定的偏差。很多人对制造业“因为没有感觉，所以没有感情，因此更加没有感觉，导致更加没有感情”。同时，又过分依赖传统优势产业。

——土地供给政策，一变再变，补丁上打补丁，“难以名状，无所适从”。

——“五违四必”，被有些区简单、粗暴、机械地执行，“挤”走了相当一批这个城市产业生态体系离不开的、从事基础性服务的企业。

——人的精气神，没有被充分激发和提振。从市级到区级到街镇，上头是开明而着急的，中间是无章法地忙、忙、忙，下面是没有成就感地跟着跑、跑、跑。大家都辛苦，都焦虑，但是工作效率、效能是不理想的。

——16 个区之上的顶层设计（不能体现为高级黑板报，不能柔性有余、刚性不足），16 个区之间的产业接续、政策接力、空间接应（存在不少堵点、断点），都做得不够好。

——上海版“放管服”力度不及兄弟省份，“花拳绣腿多，真刀真枪少”“战略性多，战术性少”，没有达到市领导“以实在动作解决实际问题”的要求。

市场经济是流量经济，资源要素要对流、要循环起来。关于上海，至少有外循环（海外市场）、主循环（国内市场）、近循环（长三角更高质量一体化）、内循环（16 个区）、微循环（各区内部的生产力布局）等维度。上海经济发展的硬指标还是要有的。“点亮”这些指标，我们需要成为战略链接、中心节点，要赋能近循环，集成内循环，优化微循环。这些都是工笔画，不是浪漫的大写意啊！ NOV 3, 2020

参访世界级“网红打卡地”有感

不均衡是普遍的，均衡是相对的。不均衡，是起点。均衡化，是过程。

“十四五”期间，超级示范区、超级中心城市、超级城市群、超级经济带，将重构中国的区域经济版图。“不均衡”和“均衡”，将有新的表现方式和转化方式。

作为“国之重器”的长三角生态绿色一体化发展示范区（以下简称“示范区”），如何以“超手”（超级之手）赋能有形之手，引领无形之手？如何以制度创新的卓越效能和品牌，实现区域协同，解决“合成谬误”？如何以改革联动，推动要素集聚向系统集成的跃迁？如何在早期收获基本有底气的情况下，前瞻研究 2.0、3.0 版本？

我们的“长三角一体化促进中心”（成立于 2017 年 10 月 24 日，十九大胜利闭幕之日），在学习参访执委会、现场调研示范区的基础上，有以下一些粗浅认识。

——示范区的使命，是走通“绿水青山就是金山银山”这条路，可复制、可推广的一条新路。

——示范区的“能量”，来自国家意志宣贯、部委推动、省际协同和市场响应。

——示范区的红利，首当其冲地源于开创性改革。没有政策优惠，优于政策优惠。

——示范区的区位优势，是大都市的边缘接合部 + 世界级城市群的地理中心点。边缘，容易突破。中心，保证能级。

——示范区治理架构中的实操部门和两区一县现有的职能部门，不存在竞争关系。没有一己私利，只有公共利益。

——示范区的终极性竞争力是广泛的市场友好型接口。

——示范区治理创新的意义，是世界级的。其实践，本身就是全球首创的。JAN 20, 2020

“飞地经济”的实质是什么？

最近来沪寻求联合发展“飞地经济”机会的外地朋友络绎不绝，而且此种态势在不断加强，效果其实可想而知。东道主，笑颜相迎，爱莫能助。客人，乘兴而来，遗憾而归。基本是雷声大，雨点小，高高举起，轻轻放下。

我们见过太多的激情型“飞地”合作（基于某种不可复制的机缘，源于领导之间的惺惺相惜，等等），皆大欢喜的案例屈指可数，半途“夭折”、无法“善终”的，却是不少。“飞地”的背后，还是零打碎敲的招商，缺乏可持续、不可逆的体制机制设计（我们将共赢制度定义为“金手铐”）。早些时候，某些部门确实认为“不配合对接是不行的，真要对接更是不行的”。现在，这种想法少多了，但是配合“飞出去”的热情还是没起来。

有两个非典型案例。第一个是苏州宿迁工业园区，据说其产出水平达到苏州工业园区的 80%，来自苏州工业园区的投资占 72%，其背后是省内扶贫、南北共建的有形之手。第二个案例是虹桥商务区，它出乎意料地成了长三角乃至全国其他城市的“公共飞地”，其推手是市场，是市场逻辑。在这里，无形之手发挥主导作用，对接市场，市场化地对接。

我们要探讨的是典型的“飞地经济”，要聚焦其实质——（要素资源的）自由流动、相对集中、高效产出、各得其所。这四个关键词，缺一不可。

建议外地的朋友知晓：

——从上海淘汰出来的，贵宝地基本也是不要的，适合上海的，不一定适合贵宝地。

——要想“飞”起来，就要通过产业链的组合（延链、补链、固链），让 base 在上海的企业竞争力更强，相互赋能、增值。

——通过“飞”，让贵宝地的产业实现跨越式发展，通过上海“出海”（上海是个 hub，是个加油站），嵌入大循环，拥抱大市场。

——要识别关键驱动要素：营商环境、产业场景、市场路径、资本服务……并为此而提高准备度。

——调整一下贵宝地的宣传片，领导偏好高大上，外来的市场主体偏好实打实；花几千万广告费宣传自己地大物博，不如生动地讲述几家企业的成功故事，少一点官话套话，多一点通俗易懂的市场语言。

——千万不要拍脑袋、拍胸脯，多听少说，以实在动作解决实际问题，尤其是“小范围、短时间、强投入、出形象”，早期收获。AUG 4, 2020

向“北京服务”学什么?

——牢牢聚焦服务贸易。

——以建设国际交往中心为核。

——以科技创新、服务业开放、数字经济为主要特征。

——搭建国际性、国家级、综合型平台和载体。

——以制定服务质量标准规范为支撑。

——发挥人才集聚和金融服务业优势。

——打造具有全球影响力的新闻和资讯中心。

——京津冀协同。

——大事件引领。

——综合示范，系统集成，先行先试。

——深度结合超大城市治理，打造“首善”标准。

——把握好疏解“非核心功能”和提升城市能级的关系。

——商业－商务－文旅，高度一体化。

——三大功能模块（生产性服务业、生活性服务业和公共服务业）相得益彰。

——现代科技和古老文化交相辉映。

——“北京服务”走出北京。SEP 8, 2020

从海南之行想开去

感谢东道主的精心安排，在海南逗留期间，我从海口到儋州再到三亚，紧凑地沿着 C 形路线走了半圈（课题组其他成员则是走完 O 形路线）。时间不算长，但是座谈、走访、踏勘、体验，忙到来不及享受离岛免税政策（返沪后被朋友们笑话），所获得的信息量是巨大的。

海南的实践，是不是法国著名的遗传学家、人口学家和作家阿尔贝 · 雅卡尔（Albert Jacquard）笔下的“全真经济试验场”呢？他说，人们一直在寻找最理想的社会模式，直到维尔弗雷多 · 帕累托（Vilfredo Pareto）给出了缜密的表述——社会利润定理。大致思想是：在特定的技术、人口和心理条件下，如果价格体系由企业间完善的竞争机制及消费个体的自由选择所决定，就能实现社会利润的最大化[①]。海南试验场的经济要素是极不完备的。让人不明觉厉的大企业太多，但真正在这块热土上创新创业的企业太少。我甚至以为，有些在琼大企业的商业模式，内嵌着连肉眼都可分辨的不良基因。他们越作为，社会利润的最大化就越无法达致。

经济学之父亚当·斯密（Adam Smith）曾这样评论：把一个地方从最低级的未开化状态带到最高级的富裕状态，并不需要其他，而只需要和平、宽松税收和一个还算好的司法行政部门；其余都通过事物的自然过程而产生。这个“自然过程”就是一个“使价格正确运转”的事情，这是市场成功的至关重要的推手。岛上季节性、屡禁不止的天价酒店和摊贩宰客现象，是价格机制失灵的小儿科表象。最大的问题，恐怕还在于现代治理的缺位。这个缺位，和干部出处无关，而是系统性的、触及灵魂深处的。有人强调“地产”干部和“空降”部队之区别，我认为是无益的。

我们要走近现实，走进现实。这块热土上，既有和国际最高标准、最好水平媲美的基础性条件（有硬的，有软的），也有如时间停滞了几千年一般固化的农耕文明遗存（但是它依然是鲜活的，这就是生命力）。她集聚了时空，承载着使命。她既要让自己靓丽起来，也要为全局大局去趟一条新路。想起 2002 年诺贝尔经济学奖得主、实验经济学派开山鼻祖弗农·史密斯（Vernon Lomax Smith），他孜孜以求地开展经济社会“风洞实验”。我理解的“海南试验”，就是要在场景可靠、风险可控的真实环境下，对经济社会行为和现象进行压力测试，完善治国理政的大政方针，面向未来，开放导向，以本地居民、企业公民和外来“游”

民为中心，制定动态适配的政策措施。

当下的她，不是孤悬的。未来的她，不是乌托邦。当务之急，是拓展应用场景，并配以治理创新。

DEC 2, 2020

① 出自《欺负人的经济：资本逻辑竟然成为真理》，【法】阿尔贝·雅卡尔著，黄旭颖译，新星出版社，2019 年 11 月。

“产业基础再造”怎么做？

最近，我非常荣幸地接受某战略合作伙伴的委托，开展“十四五”规划研究。其实这是一个“双立项”课题，因为在我们内部，也立了一组“产业基础再造”研究项目。计量、标准、检测、认证、认可，这些经济可持续发展的支柱，关乎国家质量基础设施水平，自然是“产业基础再造”的重要内容。开题会那天，我在朋友圈里发了一条内容——“和好人家共同开启好题目”，表达自己的欣喜心情。

之前经过了国家市场监管总局的“隐形冠军”课题、上海市人民政府发展研究中心的“国家实验室”课题、上海市科委的“创新要素便利化交易”课题、浦东新区科经委的“先进制造业发展”课题等的积累，我们深切认识到，基础技术、基础部件、基础材料、基础工艺、基础软件等，共同构成了我国产业体系的基础面。

我们经常讲，实体经济、科技创新、现代金融、人力资源协同发展的现代化产业体系，具备最基本的特点：点上先进，线（产业链、供应链）上完整，面（基础面）上坚韧。大家往往重视点和线，而忽视了基础面。今天，我们产业体系的最大挑战，可能不在点上和线上，而是在面上，在于基础技术、基础部件、基础材料、基础工艺和基础软件。

上海的产业基础，在国内是具有最高级竞争力的。有些新兴的明星城市，产业规模、成长性都非常引人注目，但是贡献度、带动性不如人意。究其本质，在于上海的制造业是货真价实的装备产业，而有些城市的制造业是装配产业。一字之差，天壤之别。上海的装备产业，是在耐得住寂寞、舍得下血本、扛得住批判中，不间断、不动摇、不跟风，持续发展起来的，并最终成为代表国家参与全球 PK 的硬核力量。

“产业基础再造”怎么做？未来导向 + 竞争导向 + 全局导向，科学 + 技术 + 工程，空间布局 + 政策保障 + 人才支撑。关于这件事情，兄弟省份应该学习上海好榜样，尤其是基础技术、基础部件、基础材料、基础工艺及基础软件的“五基联动”。MAY 15, 2020

新材料是产业的“新粮食”

在古人所言之，“巧妇难为无米之炊”和“点石成金”中，“米”和“石”，皆为材料。材料，是一切人类活动的物质基础。根据组分，材料可分为金属材料、无机非金属材料、有机高分子材料、先进复合材料；根据性能，材料可分为结构材料和功能材料；根据各国的竞争焦点，材料可分为先进基础材料、关键战略材料、前沿新材料。

经济体竞争的主战场，是产业体系竞争。产业体系竞争的制高点，是材料竞争。材料竞争的制胜武器，是材料创新。材料创新，具备以下两个显著特点。

——先导性。产业创新，几乎都是始于材料创新。材料创新，因此被比喻为“发明之母”。而新材料，被比喻为“产业粮食”。产业之新、产业之强，很大程度上，是通过新材料“喂”出来的。其中，国防军工是强大的源头性力量。未来作战场景孵化未来技术，未来技术催化未来材料，未来材料激发未来产业。这在美国的高科技产业发展历程中，体现得淋漓尽致。军转民，民参军，军民融合。一切为了未来，为了未来的一切。

——成长性。全球新材料产业市场规模的成长性可以用“十倍速”来描述——其增速是全球经济平均增速的 10 倍。后浪汹涌而来，前浪再度创新，在淘汰和反淘汰中交互竞争。而且，不管是“一代装备，一代材料”，还是“一代材料，一代装备”，材料和装备双向渗透、深度集成、智敏应用，新市场被源源不断地发掘出来。

中国制造业，迫切需要材料新思维，或者新材料思维。这个思维，是应用导向的。应用为王，没有场景的牵引，就相当于水无源、木无本，就没有创新的力量。MAY 21, 2020

文化创意产业链

最近，我参加了几次关于文化创意产业的头脑风暴，接触到一些市场主体和从业人员。因为受到的冲击是空前猛烈的，大家似乎对未来信心不足，存在畏难情绪，甚至对产业本身都产生了一定的怀疑。此时，有关部门召集推进工作咨询会议，去谋划精准的实操举措，太及时了。

文化创意产业，是什么？虽然有人开玩笑，文化（文创）是个筐，什么都可以往里边装。但是，文化创意就是每个人（everyone）都参与的，涉及每件事（everything），遍布每个地方（everywhere）的经济和社会活动，它是现代产业生态乃至经济体系的“酵母”，是面向未来、面向全球的五大动能之一（其他四个分别是开放经济、消费社会、科技创新和智慧治理）。

上海文化创意产业的从业主体，20% 是生活性服务企业，80% 是生产性服务企业；20% 是民非等非企业，80% 是企业；员工，则以本科生和新上海人为主。这一产业的企业生态特点是典型的金字塔结构：头部企业（塔尖）太少，带动性还不够强；腰部企业的差异化特点还不够突出，专项性、专门性、专属性的竞争力没出来；小企业（塔基）太散太多，导致产品同构，产能过剩。

上海的“五五购物节”，是一个值得大书特书的、文化和商业联动的超级现象和超级事件。为什么各界如此重视、积极参与？因为它是加固功能平台、构筑市场生态的最好动力。

——建议进一步谋划系列动作，让文化创新、金融创新和科技创新交相辉映，贯通文化创意产业链（共八个环节，分别是：文化消费场景化、场景创意化、创意项目化、项目集群化、集群品牌化、品牌公司化、公司证券化、证券社会化）。

——建议激活社交，让它成为激发消费、促进回补的火车头。商务区就是社交城。“世博会”就是社交嘉年华。社交是刚需，不能因为要保持社交距离（social distance）而荒废了社交。

——建议选址淮海中路打造“国际智库街区”。这是上海强化全球资源配置、科技创新策源、高端产业引领、开放枢纽门户这四大功能的应有之义。我们应唱响主旋律、占领主阵地、打好主动仗。

——建议实行“本科生友好型”政策。

——建议对企业更包容。

——建议减少、简化政策，政策要集成、集约，不能铁路警察各管一段。MAY 12, 2020

“新文旅”远不只是文旅

小伙伴辛辛苦苦拿出的自主研究报告《新文旅》，基本上要被我退货了。我知道，为了这个任务，他们付出很多，体验了不少有意思的去处，沉浸式观察了各类新物种，搞过N次头脑风暴会。但是，只有苦劳，没有功劳。

“新文旅”是“心文旅”，基于新技术，面向新人群。但它不是纯粹的文化+旅游，它是无边无际、无本无末、无拘无束的，它可能打破所有的条条框框、坛坛罐罐，它牵引所有的新美好，是新的生产、生活、交易、治理方式的集大成者。换言之，它分明就是“融文旅”和“泛文旅”。高质量发展之高，很大程度上取决于“新文旅”之新。

它不是传统、经典、常规文化旅游的线上版、加强版、衍生版，而是颠覆版、重生版。你可以说它是体验经济、精神消费，它更是新经济、新基建。上海发展“新文旅”，生动、具象地和国内大循环的中心节点、国内国际双循环的战略链接，和上海市场经济高级化，咬合在一起。

经济史一再证明，经济发展踉踉跄跄、磕磕碰碰的时候，是文化娱乐、休闲旅游产业大发展的时候。远的如 20 世纪 30 年代的大萧条，催生了《金刚》《摩登时代》等巨作，秀兰 · 邓波儿等大明星让人们在沮丧的年代开怀放松，传递“感染人的乐观精神”[①]。近的如 1997 年的亚洲金融风暴，韩国全民的“募金运动”还不足以解决国家之困，时任总统金大中决定通过娱乐业杀出一条血路来。借着积极的“文旅”产业政策，“韩流”奇迹般壮大起来，走向东北亚、走向全球。在缺乏安全感之时，人们享受当下，希望听到未来的声音。中国香港的电影崛起之路，是这样。日本的“酷”文化国策，是这样。

今天，AI 解放了人力，5G 浓缩了时间，VR 移动了空间，新制度（譬如预约制）带给人新安全，社交距离让人更渴望社交。技术驱动新场景，服务新人群，创造新生活。这些就是“新文旅”的关键驱动要素。如果说传统房地产业带动 37 个行业，传统旅游带动 57 个行业，“新文旅”的触发、牵引、赋能、增值作用，将是全向、全维、全时空的。“+ 新文旅”，正在自觉、不自觉地成为商业模式的创新方向。什么活动都是“新文旅”活动，什么产业都是“新文旅”产业。

“新文旅”必将是嵌入、渗透、覆盖了生产、生活、交易、治理的新场景、新体验、新应用、新方式，今天的“脑洞”还需要进一步打开，可以不够想象，但是必须勇于想象。

最后，说得略夸张一点，“新文旅”就是一场革命。

AUG 3, 2020

① 出自美国前总统富兰克林·罗斯福，他曾经称赞秀兰·邓波儿具有“感染人的乐观精神”。

对谁开放，给谁松绑是首要问题

在目前的形势下，对外开放遇到了阻力，碰到了天花板。我们当然要继续对外敞开大门，但是效果可能会打点折扣，既不会门可罗雀，也很难宾客满门。想来的人不少，但是被挡在外面，短时期内进不来。

现在提的“双循环”，我理解下来，就是维系国际外循环，激活国内主循环。咱们的国内循环越畅通、越广袤、越成长，对国际外循环的黏性就越大。简而言之，国内主循环红红火火，国际外循环就会主动靠过来。一年，两年，跨国公司不得不屈服于美国恶政暴政，第三年它就熬不住了，要造反了。时间在我们这里。从某种意义上讲，就让老美去折腾，倒逼我们的市场深化。虽然狼狈一点，艰苦一点，但这是我们实实在在的窗口期。

关键是我们自己要用好窗口期。如果“一带一路”倡议暂时带不动老外，能否把“老内”尤其是我们自己的中西部带起来，建设超级经济带（譬如生态保护和高质量发展并重的黄河流域）。把自由贸易试验区的政策突破夯得再实一点，不要急着去生编硬造中看不中用的创新案例。项目的低水平重复、政策的大面积空转、资源的长时期闲置等情况，要痛下决心扭转，刻不容缓。

要对自己的企业，对民企、对社会资本，再好一些。好到让跨国公司羡慕，而不是反过来。内循环靠谁？主要靠本土企业、本国公民。不能抗击疫情、政府征用时一个态度，疫情缓解、物资充裕时另一个态度。

对自己的企业好一点，要谁去做？广大的公务人员。要给公务人员松绑。有些地方的有些职能部门，干的干、混的混，混的给干的提意见。多做多错，少做少错，要想不犯错就只有不干活。苦干不如巧干，这是对的。巧干不如混着不干，这就大错特错了。以前是不待扬鞭自奋蹄，现在是鞭打快牛。我们的指挥棒和考核机制亟待优化。要有容错机制，要为担当者担当，要让实干者得实惠，要为改革者保驾护航。否则，大家都端着、装着、陪着、看着，都跟没事人一样，难以形成系统性合力。

激活国内大循环、主循环，不是一句空话。大循环、主循环，由许许多多的亚循环、次循环、支循环、子循环、小循环组成，涉及各领域、各地域。没有哪家企业、哪个部门、哪位个人能独善其身，自外于此。

SEP 1, 2020

热启动“一带一路”建设

和一位令人尊敬有加的智者通话，他说：“新冠肺炎疫情，对人的影响，武汉最大；对经济的影响，上海最大；从全球看，美国受影响最大。”我一边听电话，一边在想当务之急，是不是让武汉恢复正常生活；让上海发挥经济中心作用；“让中国成为中国”[①]。改变其他人，很难，不要去多想。能改变的，只有自己。

有关的国际竞争，正在外交口水战、疫苗抢发、产业链脱钩、财经政策“竹筒倒豆子”等层面上紧张展开。如果说，2008 年的国际金融危机让大家改变了全球对中美实力对比的看法，那么，此次疫情，很可能成为划时代的分水岭——中国越来越像曾经的美国（开放包容），美国越来越像曾经的中国（自我孤立）。

卡内基国际和平基金会副会长包道格（Douglas Paal）说：“如果中国从中获取政治红利，很大程度上是由我们导致的。”哈佛大学一位学者认为，中国正努力推销“中国故事”，让世界看到了中国制度的“正面性”。美国国家安全委员会前官员发出警告，很多情绪化、惩罚性的政策，随着时间的推移，将会反噬美国。

有个幽灵——“你是永远的异己”，正在某些国家的上空游荡。无须逻辑推论，早就锁定结论（被“今日俄罗斯”批为“偏见病毒”）。这也罢了。但是对传统盟友，在事先不磋商、不预告的情况下，单方面实行旅行禁令，也搞突然袭击。这位“大哥”可真没有大哥的样子，吃相委实是难看了点。对有些多边机构的藐视，也达到了新高度。口口声声对等（apples to apples），实际上只追求“不对称”权力。

人不是教育出来的，是教训出来的。“人类只有被逼得走投无路时，才会放弃自己的习惯和嗜好”[②]。现在已经不是“西方缺失”（westlessness），而是“全球缺失”（globallessness）。“不合作”“要么听我的，否则我就闪退”的陋习，如何克服？2008 年国际金融危机时，G20（二十国集团）挑大梁。现在，谁能站出来？G2（中美两国集团）、P5（联合国安全理事会常任理事国）、G7（七国集团）、G20？都不可能。更不要说虚弱的 OPEC（石油输出国组织）、APEC（亚太经济合作组织）、WHO（世界卫生组织）、WTO（世界贸易组织）、UN（联合国）了。

前滩综研的建议是，热启动“一带一路”建设。我们彼此交织的世界，或许助长了疫情的扩散，但这种联系，也很可能是这场疫情的终结者。“一带一路”

建设当乘势而上，架构开放的共同体，引领全新的全球化。回到“韬光养晦”的状态，已经不可能。当你的块头长到一定程度，怎么拉扯旧衣服都是遮挡不住的，就应该落落大方地去做新衣裳（制度安排）。饭量大了，就多开垦荒地。力气大了，不妨多担点事情。但是嗓门不要太大，不能豪横。另外，还是得让市场冲在前面。不具备商业模式，是很难走远的。

APR 3, 2020

---

① 出自 2020 年 5 月 29 日奥地利《新闻报》网站刊登的对新加坡国立大学李光耀公共政策学院首任院长、新加坡前驻联合国大使马凯硕的专访。

② 出自 2020 年 3 月 10 日俄罗斯《星火》周刊网站刊登的《文明发展与病毒流行之间有何关联？》，作者是斯韦特兰娜·苏霍娃。

互联，互利，更要互信

37

今天是首届“一带一路”国际合作高峰论坛（2017年5月14日）举办三周年。在全球共同应对新冠肺炎疫情的特殊时期，我们曾经建议，热启动“一带一路”建设。如何理解这个“热”字？

首先，基础设施要热起来。航班、船班锐减的情况下，中欧班列为全球医护物资的调剂立下了汗马功劳。要想富，先修路。要想活，先通货。市场经济是流量经济，促“流”的基础设施要先行，要有提前量。宁可让基础设施等流量，也不能让流量等基础设施。

其次，市场机制要热起来。中国即将成为全球最大的单一市场。要让全球客商通过市场机制，来参与充满魅力的中国市场。要营造让客商喜闻乐见、竞争中性的开放市场。人不分先后，物不分中外，财不分贵贱。最好的市场机制，是保障所有参与者把中国市场当主场的机制。

再次，大小城市要热起来。城市外交逆势而上，公共外交顺势而为。不能什么事情都等、靠、要。遵循政治规矩、经济规律、市场规则、技术规范，城市的对外交往功能，要进一步突显出来。工作指向是对外的，工作绩效是向内的。新时代、高质量、路线图，城市外交是重要一笔。

最后，标杆案例要热起来。最好的叙事，是讲述“一带一路”上鲜活的成功案例、生动样本、模范标杆。既可以是独立经济体，也可以是次区域，还可以是产业链等。其中的要义，就是流留结合、以流促留、共建共享、互联互通，把相关者变成共同体。不是机械说教、硬性宣传，也不是有人讲没人听的单向推介，而是实实在在、润物细无声、入心又入脑的公共传播。

有些原则——互联、互利、互信，是绕不过的。可以针对某些对象列示负面清单。我们不逼迫别人选边，但是对于那些狗屁倒灶地故意恶心我们的，对不起，直接拉黑名单，秋后算账。大国有两个朋友，一个是包容心，一个是威慑力。有些事情，必须全力做好。譬如，针对三类“人”，本地居民、企业公民、外来“游”民，尤其是地球村里的年轻人，我们要善于推送美美与共、坦坦荡荡的“中国印象”。中国，可不是暴发户，更不是“小媳妇”，我们是堂堂正正、积极上进的谦谦君子。

最大的挑战，是提升我们的议题和议程设计能力。被别人牵着鼻子走的日子不能继续下去了。精准识变、科学应变远远不够，还得主动求变。譬如建立“一带一路”大学，改变别人的“三观”。当然，要先改变自己的思维方式、行为方式。

让“一带一路”热起来，真正成为“熔解”高度板结化的投资贸易旧规则的全球治理新安排。

MAY 14, 2020

把“一带一路”专委会做实

23

在上海市宏观经济学会的领导和帮助下，“一带一路”研究专业委员会正式成立，有条不紊地开展相关的研究工作。前滩综研作为牵头单位，倍感荣幸，将尽己所能，当好“一带一路”研究的首席“店小二”。

我国正在以“一带一路”建设为重点，实行更加积极主动的开放战略，实施更大范围、更宽领域、更深层次的全面开放，建设更高水平开放型经济新体制，构建对外开放新格局。“一带一路”建设，是我国今后相当长的一个时期，对外开放和对外合作的管总规划。

把中国（上海）自由贸易试验区建设成为服务国家“一带一路”建设、推动市场主体走出去的桥头堡，是习近平总书记在全局高度对上海提出的要求。上海发挥桥头堡作用，走深、走实，有利于上海准确识变、科学应变、主动求变，有利于上海强化全球资源配置、科技创新策源、高端产业引领、开放枢纽门户这四大功能，有利于上海提升城市能级和核心竞争力，有利于深度参与全球经济治理。

2017年10月，市政府发布《上海服务国家“一带一路”建设发挥桥头堡作用行动方案》，聚焦六大领域，推出60项行动举措。2018年6月，《中共上海市委关于面向全球面向未来提升上海城市能级和核心竞争力的意见》提出，要全力打造“一带一路”桥头堡，加快搭建对外开放合作的新平台。2019年4月，市委常委会举行会议，传达学习习近平总书记在第二届“一带一路”国际合作高峰论坛上的重要讲话精神，要求强化国家战略联动，把服务“一带一路”建设与深入实施三项新的重大任务结合起来，与办好中国国际进口博览会、更好发挥溢出带动效应结合起来，与建设“五个中心”、打响“四大品牌”结合起来。2020年，上海这座“一带一路”桥头堡，服务全国、协调全球，为抗击新冠肺炎疫情，提振经济，稳定预期，发挥了卓越作用。

集群化、整合型、平台性、开放式、网络状的“一带一路”专业研究，是上海服务国家“一带一路”建设的重要组成部分。目前，上海已形成了主体多、范围广的“一带一路”研究局面。但是，也存在“自转”研究多、共享研究少，务虚研究多、实操研究少，应景研究多、前瞻研究少，供需不匹配、信息不对称、研究资源闲置、研究效率低下等问题。迫切需要搭建体现时代特征、中国特色、上海特质的研究能力体系，基于“一带一路”建设，多维、多向地延展和深化，提升围绕全球经贸新规则的议题议程设计能力，提升上海的“系统性准备度”，立足上海、服务全国，为市场主体赋能、护航，提供高适配性的解决方案。

此次，设立上海市宏观经济学会“一带一路”专委会，旨在承担“连通器”“协调人”“共同体”的角色，发挥研究策划、组织服务、政策转化、项目对接、承办活动、公共传播、国际交往、教育培训、技术应用等功能，推动“一带一路”研究“接天气”“接地气”“接洋气”，开创“上海学派”。甚至促成“一带一路”大学在上海的落地。在诸多方面，专委会均应挺身而出，均能大有作为。OCT 21, 2020

新经济是什么？不是什么？

“新经济”，自它在市面上流行、在街巷中被热议，已不再是新经济，离归入传统经济范畴不远了。即便是当下炙手可热的数字经济，也只不过是新经济的一个很小的子集，虽然还将大行其道，但其属性特点、发展空间、治理模式，人们已大抵有共识，有心理准备，有政策上的创新对接。但是追问一句，如果说信息化是昨天和今天，数字化是今天和明天，那么，什么是明天和后天呢？这就是新经济的魅力和魔力，让人们一路追逐，却总是无法和它并行，更不要说跑到它前面去。

江山代有才人出，一茬接着一茬，排浪式翻滚着，推陈出新。永远有新经济，但没有哪门子新经济是永远的。新经济从传统经济的躯壳上生长出来，让传统的、经典的、常规的业态历久弥新。旧催生新，新牵引旧。有传统，有跃迁。这其中，新的技术方式和新的治理方式居功至伟，是新经济的“父母”。技术似乎是“父亲”，经常是“简单粗放野蛮”的，不会拐弯抹角。治理似乎是“母亲”，经常是慢半拍，被推着走，千呼万唤始出来。新的生产和生活场景，则是伟大的“接生婆”。尤其是人口众多的国际都市，在“城市让生活更美好”的愿景下，在“连接周边、链接全球”“互联互通、共建共享”“以流促留、流留结合”的进程中，成为新经济的超级“温床”。

和新经济对应，传统经济可能比旧经济更准确。二者不能被简单翻译为 new money 和 old money，或者是 new economy 和 old economy。新经济的维度越来越多——创新动能、基础设施、游戏规则、交易标的等。数字经济，就完美聚合了这四个维度——数字赋能、数字基建、数字治理、数字 / 数据交易。不是所有新冒出来的都是新经济。新经济更多是在产业层面上，低于科技革命，高于产品和服务开发。有一点必须明确，它是掺杂着商业模式的革新，但就其基本面而言，一定不是商业模式。换言之，再新颖的商业模式，也不是新经济。另外，新经济越来越讲“经济性”，所以它要有技术先进性（技术渗透率）、规模性、成长性、正外部性（强大的牵引能力）、自主控制性……尤其是它的牵引性，必须是战略性的强牵引、强触发、强推动。我们曾经设计过一个广开口、精聚焦的漏斗法，就包括了以上五张“滤网”。

从经济周期理论看，新经济的周期，可能在康德拉季耶夫周期（50~60 年，核心观测指标是科技和产业革命）和库兹涅茨周期（15~25 年，核心观测指标

是建筑业兴衰 / 载体供给起落）之间。这一条，目前是我们最没有把握的，后面要花大力气去实证或证伪。稍有把握的是，IT（信息技术）经济在往 DT（数据技术）经济方向深化，BT（生物技术）经济、ET（环境技术）经济如火如荼，方兴未艾。明天和后天的新经济（美国语境中的 cutting-edge technology 所驱动的经济）还有什么？我们要从物质利用的线性扩展，切换到能量利用的非线性扩张，再继续切换到包括数据能力处理在内的系统性集成跳变。这是最有把握的。

顺理成章地可以得出结论，技术预见和场景预见是多么重要的工作。我们甚至想成立一个全新的机构——技术和产业场景研究中心。欢迎技术公司和我们合作，一起来探究。预见先于预案，共识指挥共同行动。麻省理工学院媒体实验室主席及创办人尼葛洛庞帝（Nicholas Negroponte）说："预测未来的最好办法，就是把它创造出来。"我们不能狼狈地被 push 给未来，我们要能动地把未来给 pull 出来。这正是我们的初心所在——眺望未来，迎接未来。

但是我们不能叶公好龙。新经济在让需求侧"受惠"的同时，一定会让供给侧"受累"。新经济的勃发，需要搬掉诸多心理和制度的路障。尤其是新经济在瞬时加速时，最需要有效市场和有为政府的精巧配合。当我们还想不清楚新经济是什么，那就先为它支起一张整体便利、相对便宜、本质公平、全面安全、更加开放的温床吧！这张温床，其实就是创新沙箱——特定领域、特定时间，封闭环境、压力测试。中性地看着它，让它长长看。一开始不插手，过程中搭把手，出了事不甩手，没问题就放开手。 **DEC 9, 2020**

文以载道

对于历史研究来说，其中一个关键，就是不将所有焦点都集中于某一事项，而是以不偏颇的心态，对所有事物进行相对位置分配以达到综合性掌握。因此从外侧观察的视线就成为历史研究者的必要条件。

复眼看世界

夜读京都大学杉山正明教授的《游牧民的世界史》，用他倡导的“复眼的视野角度”去感受欧亚大陆历史发展的主旋律——游牧民与农耕民数千年的共存、交往、冲突与融合。何为“复眼的视野角度”？他认为，对于历史研究者来说，其中一个关键，就是不将所有焦点都集中于某一事项，而是以不偏颇的心态，对所有事物进行相对位置分配以达到综合性掌握。因此，从外侧观察的视线就成为历史研究者的必要条件。

复眼（compound eye），是相对于单眼而言的，属于生物学的范畴。昆虫的复眼视觉系统，具有体积小、重量轻、视场角大、分辨率高、目标探测灵敏等优点。复眼由许多小眼（独立感光系统）组成，这些小眼朝着不同的方向（比如蜜蜂的很多小眼，是长在脑后的）。高级哺乳动物的单眼，通过视网膜成像，看到的是事物的平面整体。而不少低级动物的复眼，通过大量小眼反馈回来的“点”，看到的是事物的立体整体。多数昆虫的复眼视野，比人眼（180°）开阔，例如螳螂的视野超过 240°，突眼蝇的视野达 360°。

杉山正明教授超越了以西欧、中国中原为中心的视野，描绘出别开生面的游牧帝国与世界历史，让人深受启发，“对于游牧民的负面印象几乎全部消失”。这些研究成果的取得，与他“武装了炫人耳目的多语文工具”有关，更重要的是，他以“复眼的视野角度”打破了“文献之墙”（不是满足于单一文明的文献）。研究世界史，需要“观察别国也就是回头看到自己国家的姿态”，需要世界眼光、全球思维。而这个世界眼光、全球思维，恰恰符合了“复眼”的要义。

FEB 18, 2020

重温《下一轮全球趋势》

作者罗伯特·夏皮罗（Robert H. Shapiro），哈佛大学博士，曾在1998—2001年任美国商务部副部长。中信出版社于2009年9月出版《下一轮全球趋势》中文版，“眺望”10~15年后的世界。我几乎是第一时间买到此书，并默默下决心10年以后要再读一遍。2020年的非常时期得空再翻阅一遍，在此精彩回放他的洞见和远见。

——三种结构性变革同步发生：全球性人口变迁，全球化，世界性政治中心由大西洋地区转向太平洋地区。

——革命性的改革进程在广大的中国内陆地区依然有待推进。中国制造业“质押”在海外制造商手上。中国还缺乏其他许多现代化的基础设施与制度安排，无法形成真正的全国统一市场。即使在制造业领域，这一战略（动员国内劳动，引进海外投资）也没能帮助中国企业找到提高生产力水平的自有办法。就算抛开全球经济衰退的冲击，不考虑政治动荡的打击，这种办法几乎注定会造成增长放缓。但是到了2020年，大部分世界级的制造企业将是中国本土公司，而不是从美国或日本迁移过来的生产工厂。

——中美是积极信奉实用主义的两个主要国家。美国的国际野心和中国的国内战略有时会超出各自的能力范围。

——历史告诉我们，一味相信全球化和保证全球和平是十分危险的。中美决策者必须深刻反思：两国军事实力一旦接近，再密切的经贸联系也不一定能够阻止战争爆发。

——欧洲和日本找不到变化的迹象，不再成为其他国家效法的经济模范。

——思想创意已取代实物资产，成为经济增长的主要源泉。

——求医问药是仅次于生死的人生大事。几乎所有发达国家都会因为医疗开支而爆发政治危机。中国将要面对自己独一无二的医疗危机，不得不把大量资源从现代化建设的核心工程转移到医疗系统上来。瘟疫从毫无防备的城市开始，传播过程失去控制，将演变为改变命运的事件。

——在时代交替的历史关头，非凡超群的政治人物总能激励鼓舞人民，走向新的发展道路。FEB 27, 2020

再读《黑天鹅》

有人这样评价《黑天鹅》：对于世界的运行方式，此书揭示的内容比十几座图书馆加起来还多。确实如此，而且常读常新。今日做一些摘录。

——生活正是少数重大事件的累积结果。要享受黑天鹅现象的好处。未知事件能够为你带来大得不成比例的回报。自由市场之所以能够运转，是因为它允许人们走好运。

——长尾在改变人们的成功模式上具有根本性的作用。它使胜者无法安坐，促成另一个胜者的诞生。世界对小人物而言没有变得更不公平，但对大人物而言变得极为不公平。

——除了过度专注于已知知识，人性还有另一个弱点——习惯于学习精确的东西，而不是总体的东西。我们缺乏想象力，而且压制他人的想象力。思维官僚主义会封闭我们的思想。应对黑天鹅的办法就是避免从众。

——历史和社会不会爬行，只会跳跃，从一个断层跃上另一个断层。

——有些真理只有孩子能看到，成年人被现实生活的琐碎所局限，不得不操心“严肃的事情”，于是为了一些看上去更重要的问题抛弃了洞察力。

——当心政府（职能部门）的精确计划。不要把计划太当回事。这并不意味着计划是无用的，只是你需要对其副作用保持警惕。

——传统的高斯方法只关注平均水平，把意外当作附属问题。但我们还有另一种方法，是把意外当作起点，而把平均水平当作附属问题。

——我们正滑向无序，但不一定是糟糕的无序。大部分问题向少部分黑天鹅事件集中，我们将拥有更多和平而稳定的时间。

——灰天鹅是可以模型化的极端事件，黑天鹅则是未知的未知。

——我们很容易忘记，我们活着本身就是极大的运气，一个可能性微小的事件，一个极大的偶然。不要再像一个忘恩负义者，已得到一座城堡，却还要介意浴室里的霉菌。不要检查别人赠与你的马匹的牙齿。请记住，你就是黑天鹅。

——理论就像药，经常无用，有时必要，总是自助，偶尔致命。 MAR 20, 2020

“破境”&“结界”

13

我被家里人拖着一起追玄幻剧。说玄幻，其实也不尽然，都能在其中看到生活的影子，是现实的抽象版、哲思版、缥缈版、魔幻版。套路基本如下：“小主”存善念、走正道、白手起家，在风云际会中跌宕起伏，在时间空间穿越中峰回路转。故事离奇，情节荒诞。各种“新奇特”的词汇让你似懂非懂、如痴如醉，各种“根本源”的场景让你思维炸裂、顶礼膜拜。过程一定是奇伟瑰丽的，结局一定是大圆满+“小确幸”。

再玄乎的玄幻剧，也有两大规定动作/指标。一是递进式或阶梯式的“破境”，二是系统性的“结界”。

“小主”通过个人努力、外部赋能，不断进阶，更上一层楼。“破境”要义在于打破瓶颈，需要很多要素组合在一起，缺一不可。“破境”目的，在于获得更强大的能力。通俗而言，高境、高阶、高段的人，积蓄了更多的“灵力”（能量/资源），处于相对的自由王国，可以轻松地向下兼容或打击。“破境”对应到英文单词中，应该就是 upgrade。

对于“结界”这个词，我一开始理解为气场，后来认为是势力范围，现在则认为是安全空间。它是以阵法的形式，储存修为之人（可以是多人）的法力/功力，在阵法范围内形成防御罩阻挡外来攻击。有点像武侠小说里的金钟罩，也有点像太空保护罩，更像美国搞的导弹防御系统（Missile Defense System）。“结界”对系统性要求比较高，需要多维多源，否则很容易被逐个击破。

“破境”和“结界”，都是个体对更大自由、更多安全的欲望。这种欲望，虚拟世界里需要，现实社会也需要。不同的是，虚拟世界中，时间和危险像老虎一样，逼迫大家不断“破境”“结界”。现实生活中，“结界”是稳定环境和既得利益，温水煮青蛙，让人们不敢有太多的“破境”之举。于是，人们转而在文艺作品中寻求打破“定域”“常域”之冲动和体验。

玄幻剧抓住了人之精神欲望。超自然、神秘学，中式修为、西式魔法，经由当代网络剧的包装铺陈，形成剧场效应，一时间大行其道，正是这个道理。

MAR 23, 2020

法国人眼中的美式“创造性破坏”

《美国制造：在文明与现实之间》的法国作者居伊·索尔曼（Guy Sorman）在中文版序言中说，中国人要阅读这本法国人写的关于美国的书的第二个理由在于，法国人与中国人在对美国的态度中有着诸多相似之处：既向往，又愤慨。

索尔曼说，世界上没有任何一个经济体受到如此细心地探查，不是为了探查它成功的秘诀，而是寻找其不足的迹象。衰退主义是某些经济学家和历史学家借以发挥的题目。新闻媒体和专家们曾多次预言美国的非工业化，硅谷的破产，中产阶级的消失，失业的增长，联邦国家的倒闭，特别是经济衰退。但是，即便布满工业撂荒，给人以经济废墟的感觉，衰退却迟迟未至……

究其原因，就是熊彼特（Joseph Alois Schumpeter）于1930年提出的“创造性破坏”（creative destruction）原则。这是美国历届政府大部分经济政策的指导思想。索尔曼进一步有以下分析。

——低利率有利于创新，微弱的社会保险减轻了进入市场的费用负担，便于创办新的公司。

——低价的能源、交通运输，允许人们实现一些新的构想。

——源源不断的移民潮，提供了取之不尽的廉价劳动力。

——劳务市场普遍的灵活性，加速了企业的退出和进入。

一切都有利于创业者和甘冒风险者。没有“新闯入者”的市场，被保护的经济总是发展最缓慢的。美国模式的关键，就是“尽快退出市场，是为了尽快进入市场”。创造性破坏是促进飞速发展和充分就业的唯一法宝。

因此，公权力机构一般不阻止企业消失，同时，想方设法为新企业的启动提供方便。将优惠给予新进入市场者及未来的企业家，而不是现有企业。“没有什么是既得的”“就业不稳定，恰恰导致总体上的安全”。这样不人道的、自相矛盾的、薄情寡义的经济模式，在作者的眼里，是“无从效仿”的，但确实是美国的独特风景线。**APR 2, 2020**

陪跑又何妨?

当今社会，竞争激烈，你方唱罢我登场。在竞争中不幸落败，到头来为他人做嫁衣裳的陪跑现象，广泛存在。人们厌恶陪跑，但陪跑其实是应当接受的状态。

自己长时间的心血付出得不到肯定。一同奔跑的别人被授勋戴花。反差固然是不好受的，然而欲到达想去的远方，陪跑又是必不可少的。

莱昂纳多（Leonardo DiCaprio）陪跑 22 年，终于凭《荒野猎人》获得梦寐以求的奥斯卡金像奖。当一个人开始陪跑，他其实已经入围，离实现梦想只差临门一脚。陪跑不是失败，而是走在通向成功的大路上。急功近利者，看不到陪跑中蕴含的生机，而是要求即时得到。他们参不透大仲马所说的“等待与希望”的大智慧。你拒绝陪跑，一定同时拒绝了终点撞线那一刻的荣耀。

结果导向，重在过程。第一，是唯一的，是锦上添花。过程，陪跑，同样乐趣无穷。数学家洛伦兹（Hendrik Antoon Lorentz）比爱因斯坦（Albert Einstein）更早得出狭义相对论的公式，只是没有阐述其物理意义，却大方地将成就让与爱因斯坦。这一段“陪跑”，在科学史上被传为佳话。两位大师在此之后都跑出了各自的精彩。

获诺贝尔文学奖呼声居高不下的“万年陪跑者”村上春树，被认为是悲壮的，但他自己并不曾在意多少，而是云淡风轻地过着“起舞的日子”。

不主动耽于陪跑，不被动误于陪跑。接受之，享受之。APR 15, 2020

现实的中国更精彩更有动感

这注定是一篇写不透、讲不深的封面观点，但是，还得写，还得讲。

纸媒日子不好过，不是一天两天的事情了。有网络媒体兴起的影响，也有像我们这样的付费订户太少的影响（偷笑）。我们不只是订阅本地的“省报”（研究骨干人手一份），还订了兄弟省份的报纸。阅读市场，它一直在那里。

纸媒市场在持续萎缩，这是不争的事实。不能埋怨技术进步，不能责怪读者挑剔，原因很简单——纸媒越来越不好看了。为什么不好看？报纸内容，可以5天、7天、10天、15天一个样、不走样；可以这张报纸和那张报纸一个样、不走样。这不是自己把市场做小了吗？

虽然有“一个样”“不走样”的理由，但这并非是纸媒“有气无力”“每况愈下”的根本理由。口气很大，不接地气；架势很大，说服力却飘在空中。

“中国特色”（包括但不限于中国道路、中国实践、中国理论、中国制度、中国方案、中国精神等）是生动、具象、多样化的，是实事求是、有温度的，每天都催生、孵化大量的新生力量、鲜活案例。我们的报纸，高冷，“三多一少”：抽象的说教多，宏观的论述多，“拉郎配”的广告多（尤其是国企和地方的广告），但好故事少。“讲故事，是国际传播的最佳方式。”[①]这个能力，报纸太缺了。另外，稍强调，就过头；稍限制，就禁绝。报纸里的中国，不是现实的中国。现实的中国，更精彩，更有动感，更具成长性。

有些“省报”，还是相当不错的。首推《解放日报》，其次是《浙江日报》。南方某些地方，这几年经济发展被打回原形，其主要报纸状态僵硬死板（一定意义上，报纸是经济的先行指标），离“四个力”（传播力、引导力、影响力、公信力）的要求相去甚远。

读者在哪里？受众在哪里？着力点和落脚点在哪里？如何占领新的舆论场？如何讲好中国故事？要回答好这些问题，就得将两句话真正“融”在一起——“以人民为中心”和“向中央看齐”。JUN 18, 2020

① 出自 2016 年 2 月 19 日习近平在党的新闻舆论工作座谈会上的讲话。

安全起见，稳当稳妥？

要不是 2020 年的疫情，要不是推迟高考，我对儿子的“敲木鱼”——play safe（安全起见，稳当稳妥），应该是告一段落了。

中国式家长对子女学业（尤其是大学前）的要求基本上是 play safe，稳字当头，不要有太多畅想，不要有太多冒险，更不能特立独行、离经叛道。其实，他们这些后浪，个个是人精，敢想、敢做、敢当，但是被硬生生套上了应试的紧箍咒，“带着镣铐跳舞”。我们希望孩子有“开挂”的人生，但是我们在其人生的奠基阶段，强制性地挂上了 play safe 的档位。生活在具有更高经济温度当下的后浪们就是天然的“高能分子”，其蹦跶能力势必不是前浪能比拟的。前浪不能再用贫瘠的想象力限制后浪们无所忌讳的创造力，后浪的征途是星辰大海！

总在想，我们扼杀了多少“中国马斯克”啊？我们羡慕让人热血沸腾的硅谷钢铁侠，却不让自己的孩子越雷池半步。马斯克说自己不是巴菲特（Warren E. Buffett）的粉丝，因为巴菲特的工作虽然重要，但是很无聊，像巴菲特那样搞金融的人应该更少一些，应该有更多的人员去做产品。我们呢，作为马斯克的粉丝，在给孩子谋划将来时，却总将金融等工作放在优先级的前列，总是希望孩子能够停留在舒适区，而不大愿意让孩子从事基础性研究。还是让孩子们进入无人区开疆拓土吧！

马斯克说，创业就是一边咀嚼玻璃，一边凝视深渊。他推崇的“第一性原理”（first principle thinking），让他的世界里只剩下“下一步该怎么做”，“早上醒来，意识到明天会更好”，而没有“过去为什么不这么做”。“第一性原理”的意思，是不依从于经验参数，而是抽丝剥茧，从本质出发，从基本参数出发，计算物质的结构和性质，进而决策事务的发展前景。

12 岁时，马斯克设计 Blastar 太空游戏，以 500 美元价格出售。但是他感到童年仍不够快乐，于是寄情于书本。伴随阅读的深入，他关于全人类的危机感与日剧增。《银河系漫游指南》让他认定，互联网、清洁能源和太空探索将是三个影响人类未来的领域。而想要在这些方面有所建树，南非不是久待之地，他必须去北美，那里才是科技浪潮中心。17 岁，他先到加拿大，然后去美国，完成了商学和物理学的研读。马斯克的成功之道可以归结为：从人类发展的终极本质出发，将硬核科技和商业逻辑完美结合。再加一条，从不 play safe。这是“高能分子”的范儿。JUN 29, 2020

我们是世界上最大的理想和行动的综合者

有人说，我看到了许多问题……

也有人说，我知道这些问题的本质……

还有人说，打开这些问题的钥匙是……

但是，绝大部分人说——算了，就这样吧，它们已经存在很久了。我不去折腾了，不去改变了。个人能力小，变革风险大，对自己是好是坏还不得而知呢……就这样，人们臣服于日复一日的机械工作，习惯于啰嗦、唠叨、吐槽。“愤老”和“愤青”，在口头上“豪横”“敏感”，在行动上“佛系”“钝感”。“愤”则“愤”矣，但是看不到“奋”起、“奋”学、“奋”进和“奋”改。

陈毅元帅曾经指出：“我们是世界上最大的理想主义者！我们是世界上最大的行动主义者！我们是世界上最大的理想和行动的综合者。”①WTO 前总干事帕斯卡尔 · 拉米（Pascal Lamy）说：“我既不是乐观主义者，也不是悲观主义者，而是行动主义者。”②

可是，当下我们为什么不能让激情燃烧，不能突破现实的惯性？为什么都不敢做行动主义者

（activists）？根缘可能在于马克思所说的自私自利的计算。翻译成大白话，就是不行动可以继续混着，少犯错误；多行动，就要多担责，多冒险，而未来收益和风险可能是不那么匹配的，甚至会失去既得部分。

“准确识变、科学应变、主动求变”，这三个“变”，环环相扣，层层递进。贯穿其中的主线，就是要积极行动。变局时代，就是行动时代。只要心存理想，积极行动，就会有 N 种可能。当然，这需要形成全社会的氛围：鼓励多样化，保护开拓者，把创新舞台还给基层。千万不能有“包办思考”和“包办创新”的想法，一点都不可以有。JUL 1, 2020

① 出自陈毅《赠郭沫若同志》一诗。

② 出自 2006 年 9 月 3 日《第一财经日报》与第一财经频道对拉米进行的联合专访。

要对永恒负责

49

哈佛大学的第 28 任校长德鲁 · 吉尔平 · 福斯特（Drew Gilpin Faust），是哈佛史上第一位女校长，也是第一位没有在本校求学经历的校长。她欢迎 2021 级学生的演讲，让人动容。

她认为，“大学是关于知识和对真理的追求。我们相信事实，并相信人类心灵的力量。我们致力于将教育和学习作为改善人类状况的工具”。学生“不要害怕冒错的风险。不要害怕彼此参与。多说话，以便其他人可以向您学习。多听些，以便您可以向他们学习。不要害怕承认你错了。这是学习和成长的最佳方式”。“我们有责任确保它继续致力于严格和合理地追求真理。我们有责任确保每一个成员的才能都受到充分的欢迎和完全的发挥”。

我还清晰记得 10 年前杨澜女士对她的采访，标题为“大学要对永恒负责”。福斯特一直致力于此。那么，问题来了，靠什么“对永恒负责”？道德、情怀、理想、规则、逻辑，还是其他？

我还是想用哈佛的故事来回答。1764 年的一个深夜，一场大火焚毁了哈佛的大学图书馆。在大火前，一名学生偷偷将《基督教针对魔鬼、俗世与肉欲的战争》一书带出了图书馆。第二天，他敲开校长办公室的门，交上图书馆唯一存世之书。校长郑重地收下此书，然后，下令将此学生开除。理由是学生违反了校规。

“让校规看守哈佛的一切，比让道德看守哈佛更安全有效。”犯规就是犯规，坏事就是坏事，即便歪打正着、阴差阳错地立下功劳，那还是犯规，绝非义举。没有永恒，我们只能朝永恒的方向努力，对永恒负责。

我们还得将“规”衍生开来——规矩、规律、规则、规范。很多人习惯了发散和混沌，不习惯聚焦和精准。唯有将二者结合在一起，才能真正行稳致远。

JUL 2, 2020

“清末怪杰”辜鸿铭的叙事能力

西方人曾流传一句话：“到中国可以不看三大殿，不可不看辜鸿铭。”1913 年，辜鸿铭和印度诗人泰戈尔（Rabindranath Tagore）一起获得了诺贝尔文学奖提名。1915 年，他的《春秋大义》出版，即《中国文明之精神》（*The Spirit of the Chinese People*），在欧洲尤其在第一次世界大战中的德国引起巨大轰动。他热衷于向西方人宣传东方的文化和精神，翻译了中国“四书”中的三部——《论语》《中庸》和《大学》。

老外为什么认可、喜欢这么一位一直不肯剪掉辫子、在其母国备受争议的“晚清遗老”？为什么将辜鸿铭定义为保守派的先锋？大抵有以下一些原因。

学贯中西。他出生于南洋，求学于西洋，婚配（纳妾）于东洋，为官于北洋，熟练掌握 9 种语言，拥有 13 个博士学位，是清末精通中西方文化的第一人。他经常用西方先哲贤者的理论和逻辑来论证中国文化的博大精深，让老外无言可辩。

敢于表达。不论是在德国人举办的俾斯麦百年诞辰会上，还是在东交民巷的六国饭店，他的演讲，从形式到内容，都技惊四座，赢得满堂喝彩。让人明知其立论“四面漏风”，但也不得不感佩其奇特奥妙之处，铮铮直言之勇。

强于碰撞。1898 年，伊藤博文来华，挑衅地问辜鸿铭：“你难道不清楚，孔子之教能行于 2 000 多年前，却无法行于 19 世纪的今天吗？”辜鸿铭见招拆招：“孔子教人的方法，好比数学的加减乘除，数千年前，三三得九，到了今天，依然三三得九，而不会是三三得八。”

善于传播。他在收取高价门票（比梅兰芳的戏票还贵）的演讲中公开提出：美国人博大（broad）、纯朴（simple），但不深沉（deep）；英国人深沉、纯朴，但是不够博大；德国人博大、深沉，而不纯朴；法国人没有德国人天然的深沉，不如美国人心胸博大和英国人心地纯朴，却拥有这三个民族所缺乏的灵敏；只有中国人全面具备了这四种优秀的精神特质，中国人给人留下的印象是“温良”（gentle），“那种难以言表的温良”。

爱憎分明。他痴迷地崇尚国学，一根筋地嘲讽西学。他独尊蔡元培，认为蔡是北大的“皇帝”，一定要保、要留。他一生主张皇权，但不是遇到什么神主牌都拜。慈禧太后过生日，他的“贺诗”是“天子万年，百姓花钱。万寿无疆，百姓遭殃。”

辜鸿铭，可以说是天赋超常，经历特殊，求学若渴，治学勤勉。透过褒贬不一的历史评论，不难发现他是一位叙事和事件营销高手。他积极主动地抓住一切机会，以受众喜闻乐见的方式方法灌输自己的固有之见。狂则狂矣，“野”则“野”矣，但是他抓住了眼球，甚至让西方人在怀疑自身文明价值之际，对和平安宁的东方产生了某种朦胧的欣羡和向往。 JUL 8, 2020

过于自负的人，往往会辜负自己

51

每次经过无印良品（MUJI），总会想到它的母公司西武百货（Seibu Department Stores）。1927 年，西武百货从西武集团析分出来时的名号是流通集团。掌管者是西武集团创始人堤康次郎的次子堤清二。此人着实了得，可以说是全才。他是个政治家（参加过日本共产党，是学生运动的领袖）、实业家（20 世纪 80 年代，西武百货年营业额曾雄踞世界之首），大诗人（笔名辻井乔，获得许多奖项）、大教授（兼职头衔一堆），还做过日本中国文化交流协会会长。

但是今天，不是讲他的故事，而要讲他的弟弟堤义明的故事。

堤义明是堤康次郎的第三个儿子（外室所生）。出身卑微的他，居然曾经购买了日本六分之一的土地，两度被评为《福布斯》世界首富（后来被比尔·盖茨超越）。堤义明以荀子为终身教父，笃信荀子哲学，被称为“富翁中的智者，商人中的哲人”。松下幸之助曾赞誉：“堤义明君，是集创业与守业于一身的第二代，他身上所特有的帝王素质，如果是在古代，他就是中国唐太宗那样的盛世明君！”索尼创始人盛田昭夫也曾说：“当今日本年轻的企业家中，没有多少人可以像堤义明那样有胆识，有才华，有决断力。”“既生瑜，何生亮？我的最大不幸，就是我与堤义明生于同代。”

1965年，堤康次郎因病去世，他留下遗言，“我死后10年内，不要投资任何新的不动产”。1975年，堤义明减少市区住宅和酒店等地产业态，转向都市郊区休闲、旅游、观光为主的服务型地产业态。堤义明的理念是，孤立项目独木难支；一定要在空间开阔、风景优美、交通便利之地营造综合体集群；大规模、区域性综合开发才是方向。

堤义明对区域开发有条铁律——只造福当地百姓，不参与当地政治。这让他规避了无数次的政治风险。这和他哥哥狂热的政治热情形成了鲜明的对比。堤义明如日中天之际，森家族（其第一代开发了六本木新城，第二代在上海建设了环球金融中心）不能望其项背。

堤康次郎的另外一条遗训——不交朋友，带给堤义明极大的负面影响。他一直处于极端的孤独当中。他坚持荀子式的忍让和俭朴，不参加任何形式的社交活动……他甚至认为，“宁用奴才，不用人才”“忠心大于一切”。家族背景的复杂，个人性格的缺陷，日式财阀的硬伤，经济环境的调整……终于酿成一杯苦酒。2005 年，堤义明被下属揭发，涉嫌操纵公司股票。同年 10 月，被判入狱 30 个月（缓刑 4 年）。2009 年 10 月，缓刑期满。西武神话，无比遗憾地变成了西武笑话。

小伙伴帮我查了下，关于堤义明的最新消息是：他于 2020 年 6 月 3 日，作为日本奥林匹克委员会（Japanese Olympic Committee，JOC）最高顾问，接受了以“与挑战体育变革的人们同行”为主题的采访，采访内容主要包括：

——日本奥委会的独立运作是以当年“抵制莫斯科奥运会”为契机的。

——总结长野冬奥会举办的成功经验。

——提出应将东京奥运会和残奥会作为丰富心灵、发展健康的契机。

而我持续关心堤义明的原因，是有一次我去日本时被人告知，堤义明的名字可能是他自己改的，取中文“第一名”之意。我查遍中日文献，都没找到这一内容。但是对他的好奇，早早地就产生了。我当时直觉，这样自负的日本人，很有可能辜负自己。

JUL 22, 2020

读《布隆伯格自传》有感

最近我给每一位研究室主任和行政主管发了毛大庆先生翻译的《布隆伯格自传》（*Bloomberg by Bloomberg*）。之前读过中信出版社的版本，印象深刻。这一次，这一版又带给我很多同样深刻的撞击。

布隆伯格（Michael Bloomberg）先生说，人生就是要“到场”。我理解成“在场”或“撞见”，而勤奋，正是“到场”的通行证。美国梦，说一千道一万，就是到了新大陆，人们不得不比以往任何时候都勤奋。布隆伯格在所罗门兄弟公司工作时，每天最早到，最晚离开。他说这样让自己获得了与公司高层近距离接触的机会。我个人也曾有类似经历，因为到得早，经常和领导一起上卫生间。一开始是没话找话，后来时间长了，不那么生分了，领导会主动问我关于单位发展的某某事项有什么想法（我甚至比其他领导班子成员知晓得更多）。再后来，胆子大了，直接提一些和自己职位不匹配的建议。领导从善如流，给我更多的鼓励和机会。对个人而言，因为勤奋，改变了赛道，走上了捷径。

对法人而言，布隆伯格始终致力于以自己的成功造福他人。在他的带领下，彭博从来没有犯过许多人所犯的错误——把提供设备误认为是产品。他举例子，伊士曼柯达的高管，认为他们的产品是照相机和电影，而非摄影，因此他们与数字摄影革命擦肩而过，在成为世界上最具创新精神的公司一个多世纪之后，于2012年申请破产。我们也时时告诫自己，我们不搬运信息，我们提供分析。我们的产品不仅是研究报告，我们的产品更是解决方案，是充满变革突破精神的思想。我们的竞争力，来自我们的思考力。当我们停止思考或弱于思考，我们就该终止我们的存在。布隆伯格感谢既往，相信明天，认为最好的事情还没有发生。我认为，不能同意更多了。

彭博在获取资质证明（公平进入的机会）的过程当中，遇到了比想象中还要大的阻力（相关部门的无知与傲慢），一直努力试图砸穿阻扰他们的“石壁”。他们得到的回答通常都是“没门儿”“没法认可你们”“不得出现”“拒之门外”。布隆伯格认为“不”不是答案（“NO”is no answer）。他敏锐地把握到，报刊等“热媒体”将失去影响力，“我们感官的延伸”这类的“冷媒体”才是未来发展的方向。在信息时代的流行文化里，传播途径将战胜内容。当客户抱怨彭博终端价格昂贵（平均每个工作日88美元）时，他说：“如果你使用了彭博终端，每天不能（多）赚取88美元，你的问题要比我们的价格问题更大。”

我也在想，传统医院的过度诊疗模式一定过时了，前滩综研必须提供精准、高效、低副作用的“靶向治疗”（targeted therapy）。不要动不动就大费周章地搞大调研，劳民伤财，还不能发现真问题。应该少折腾委托方，少惊动市场主体，人机协同，自己多跑腿、多张嘴，机器多挖掘、多关联。严格控制主报告的篇幅，增加文字以外的头脑风暴、资源连接、项目促进、后续（如果不是永续的话）的远程响应等。

彭博纽约总部有30层，但是每一个进入大楼的人，无论员工还是访客，都会乘电梯到6楼，布隆伯格将这一层楼称为“链接”。在这层有小吃和饮料，有空桌子，人们可以聚集在一起聊天或举行临时会议。公司里的每个人，不管是哪个部门的，都能混在一起。这有助于信息和思想在各单位之间传播，即管理术语中的“异花授粉”。前滩综研的物业体量当然小多了，但是我们也有自己的“链接”，也能进行“异花授粉”，这就是我们的“海论厅”，它兼具茶水间、图书馆、小吃吧、休息室等功能。小伙伴如果有兴趣，白天可以打乒乓，晚上可以去KTV。非常赞赏布隆伯格的一句话：“合作始于对话，对话在很大程度上取决于设计。”

李稻葵先生说，读懂美国、预判中美关系的走势，一个好办法就是认识几个具有典型意义的美国人。布隆伯格肯定是其中之一。重复一句话——越是勤奋“到场”，越能“撞见”机会。再次诚恳地推荐《布隆伯格自传》。JUL 24, 2020

华罗庚的三句话

华罗庚先生是数学家，还是演说家。他搞数学研究，是严肃谨慎的。他发表演讲，是生动幽默的。他的若干演讲或讲话的记录整理，我拜读了不止一次两次，而是经常找出来温故知新，常读常新。他的三句话，让我终生受益。

第一句话是“外通里国”（不是里通外国，是“外通里国”）。“文化大革命”期间，他被禁止进入图书馆，无法翻阅研究资料。怎么办呢？他利用一切机会，让国外同行给他邮寄最新出版的学术刊物，了解国际行情。受他的启发，我们也是通过全球专家网络，购买各种形式（纸质版、电子版）的决策研究最新成果，或是请他们在第一时间介绍前沿、动态、趋势。我们逼着小伙伴出国，用足每一次机会。我有一次短期去美国的经历，几乎把每个晚上都用来浏览相关的资讯，汲取方法和经验方面的养分。到了白天，实在没有体能，以致精神恍惚，到了科罗拉多大峡谷等景区，战战兢兢，不敢登高涉险。别人把我们研究得底朝天，我们研究别人，到今天依然不深、不全、不够前瞻。

“他山之石，可以攻玉”，技术要更新，视野要扩展，系统外的输入是抵抗系统熵增的不二法门。

第二句话是“弄斧必到班门”。华先生说，你要耍斧头就要敢到鲁班那儿去耍。在旁人面前耍，欺负人家干啥？你到鲁班面前耍，如果他说你有缺点，指点一二，你下一回就好一点了；他如果点点头，就说明你的工作还是有成绩的。他坚决反对“不要到孔夫子面前卖四书”和“不要到关公面前耍大刀”等传统老旧的说法。在“东京－上海城市管理体制机制”的专题研讨对话会上，我以东京的物业管理公司盈利水平为切入口，直接“挑战”日方专家，得到了对方很好的反馈。我们和来访的意大利专家互动，认为“一带一路”倡议的要义和“地中海式自由贸易”（各港口互为加油站，不是收费站）有相同之处，中国和欧盟有越来越多的深层次利益联结点。要打破不敢挑战权威的桎梏，权威是本领域的标尺量规，挑战权威就是度量自己的能力。没有度量哪里知尺寸？

第三句话是“树老怕空，人老怕松。不空不老，从严以终”。华先生说，并不是年纪轻的人就不会松啊。年轻人如果要松起来，对不起，他就要以他的老资格打大家的手心。他告诫自己，虽然几次“浩劫”都没有把他打垮，但说不定很可能从自己的思想上，在已经有收获的时候，自己打垮了自己。所以一定要警惕，一定要防松、防空。他在外头演讲，“与其讲我自己所擅长的，不如讲我自己所短缺的”，逼着自己不断进步，不断收获新东西。这可不是一般人能学、敢学的。我们在治学的路上，学问之“水”连桶底都没有铺满，更加没有道理“晃荡”，更加没有资格固化、僵化、内卷化。

简单总结一下，就是要跟上“行情”，“下棋找高手”，“满足的思想是不能有的”[①]。**SEP 11, 2020**

① 均出自《华罗庚诗文选》中《在困境中更要发愤求进》一文，中国文史出版社 1986 年版。

暑期“宅”京感悟

“宅”在北京市海淀区某酒店，读了十几本书，不亦乐乎。把有些碎片化的混杂感受记录如下，择时慢慢细化展开。

——中国的大学，终于像大学了，“紧”起来了。

——中国的教育局面，如果想要进一步改变，一定要把“做题家”和“职业学生”解放出来。

——中国的专家，尤其是文科领域，最缺的是基于事实的故事化叙事的能力。应该敢于创作“大手笔的小作品”，力图做到“尺幅见千里”。

——实用主义，始终是现代人的灵魂。是否“实用”？ 75% 可能是个指标。

——创新总在拐角处（不禁想起“繁荣总在拐角处”）。

——政府信用，是全社会信用（或者说信用社会）的基石，要坚不可摧。

——国民的购买力，是实现繁荣繁华的土壤。

——社会往前走的动力，是阶层的流动性。流动的结果是交叉，交叉的结果是分化。分化，又促进流动和交叉，循环往复。因此，有人说，社会学不仅是个名词，更是个动词。

——上海制造业的 GDP 占比下限指标 25%，可能是低了。

——上海从“基本建成”（四个中心）、“形成基本框架”(具有全球影响力的科技创新中心)，到“全面建成”，将是不平凡地打破瓶颈的动态升维。更加紧迫，更加艰难。

——上海和兄弟省份的关系，就是要在对流中双向赋能。上海需要快（速度）、强（能级），这只能在服务全国中得以实现。

——现在对“在岸”“近岸”“离岸”“远岸”，对“前台”“中台”“后台”“远台”等概念，出现了比较麻烦的认知混乱，亟须厘清。

——症状/问题，不是突然发生的，是突然发现的。

OCT 10, 2020

日本制造力比你想象的更厉害

在北京街头漫游，拐进一家不起眼的书店，淘了不少好书，如获至宝。其中一本是《日本制造力》，封面上赫然写着："日本制造衰落了？不！它比你想象的更厉害！"书中提出，日本自古就是擅长造物的民族。100 多年前的明治维新成为日本的转折点。"第二次世界大战"后，日本被美军占领。在一片废墟上，日本人想要尽快走出困境。一种对现代的、舒适的生活方式的向往，让他们开始探索自己的道路。到 20 世纪 70 年代，日本制造开始拥有自己的标签与特征，一条日本制造的路已经通了。

日本制造是如何崛起，并持续探索向前的？通过该书的介绍，我大致理出以下几点。

——工业设计的引领。小而精致，现代设计与日本传统美学结合，让一系列世界级品牌乘着经济高度成长的浪潮迅速扩张。日本制造，链接着背后无数的设计师、品牌与故事。日本设计中心总裁说，设计是通过自己的力量来创造社会及生活环境的一种行为。设计，触手可及。国际设计，独立自主，大局意识，全球视野。只有到了这种认知水平，才能让炉火纯青的日本设计建立自信，并获得全球好评。

——大企业的信仰。将优质产品推向社会，以功能为核心，关注情感，而不是过于追求形式，成为索尼等企业的共同信仰。“让消费品变得更现代吧”。让产品成为行业风向标，将品牌视作企业的生命，将产品的价值完整地展现在当地消费者眼前，让生产者和消费者直接交流。索尼创始人盛田昭夫为了融入美国文化，更好地开发美国市场，甚至举家乔迁到美国。

——马路工厂的支撑。书中将日本制造业模式类比为棒球队，包括一个一流的投手、一条稳定的打线、一个随时可以应急的投手群。大企业是“强豪”，是“大手”，但是有自己的“投手群”（供应商体系）。尤其是三、四级供应商，通常是一些小工厂，位置偏僻，产品的品类少、规模小，基本是家族企业。日语称之为“町工場”，中文直译就是马路工厂。2013 年播放的《半泽直树》中有一句台词：“一颗螺丝钉撑起了整个国家的经济。”“螺丝钉们”，就是量大面广的马路工厂生产的丰富多彩的优质小物件。他们的理念，是绝不说做不到。日本制造走向全球的过程，就是马路工厂走向全球的过程。

“造物”两字，看着貌似简单，实际上包含了 MADE IN JAPAN 的精神与历史。日本这个制造业头部企业云集的国家，其实也是设计强国、品牌强国，同时也是“町工場”（马路工厂）强国。OCT 13, 2020

追寻洞见与言值

近日，非常荣幸，我有机会参加《解放日报》首席评论员的作品研讨会，深受教益。我曾多次参访上海报业集团，印象中最深刻的一次，是参加《解放日报》等单位联合举办的“智慧工匠”评选。突然联想到，这位让大家交口称赞的首席评论员、“年轻的老革命”，正是新闻系统的“智慧工匠”啊！

我们院里最近在提倡，研究人员要从专门工作者往智慧工程师迭代，并进一步朝着成为战略科学家的方向去努力。贯穿其中的，就是专业。基于专业上的扩容、增能、升级，用情去感知经济、社会、技术的变革，用心去分析内里逻辑，用智慧去精到呈现。这个专业是大专业，不是分得越来越细的小专业。后者，是很容易把自己束缚住的。

参加研讨会那天，我显然是把自己给束缚住了。想着到高大上的地方开会，要正式一点。没想到进会场一看，就我一个人打了领带，于是调侃自己，形体被约束，思想欠奔放，引得大家哈哈大笑。

我们院里全员都是《解放日报》的粉丝，部门主任往上人手一份。我们甚至让研究机器人跟着《解放日报》的焦点和节奏，把握城市的呼吸和脉搏。通过学习首席评论员和其他采编老师的大作，我们勉力而为，尽可能地由此及彼、由表入里、由近到远，将政治逻辑、政策逻辑、市场逻辑“集成”在一起，系统地去研究和判断，发现真的问题，在约束条件下，找到建设性的解决方案。

那天的主题，是“追寻洞见与言值”。“言值”一词，妙不可言！研究机构的价值，不只是“研”，还在于“言”，在于 speak up and speak out（大声说出来），在于 what we need is not to disagree less, but to disagree better（不是为了更少的分歧，是为了更好的分歧）。

在交流中，首席评论员说自己“不轻易相信”。后来，我呼应说，“质疑”精神是通向科学彼岸的桥梁。陈云说过：“不唯上，不唯书，只唯实，交换、比较、反复。”这对信息量、知识结构、穿透力、学习能力等都提出了极高的要求。据说，首席评论员有两大利器，一是四处溜达，二是勤快记录，把自己的所见所闻、所思所想，及时地记录下来，不断反刍、交叉验证，在今后的写作时高效率地提取和调用。

评论不好写。很多报章的评论，气喘吁吁，呼啸而来，纷纷脱靶。《解放日报》的评论，耐读耐品，经得起推敲，走得进人心，因为是以事实为本源，“接天气”“接地气”，不端、不绕，优雅亲和，拿捏准确，好好说话，能让人如沐春风，得到了真实新闻背后真实的信号。区域乃至全球竞争的很重要的一个维度，就是叙事能力。好好说话，是生产力。

个体的成就，离开他所在的平台，是不可想象的。尖峰之所以成为尖峰，是因为它长在高原之上。首席评论员的领导比喻说，现在相当于经停第一个服务区，加油加水，检查车况，确认线路，整装再出发。首席评论员的导师要求，至少去读 12 本专业概论书籍，至少订阅《新华文摘》和《中国社会科学文摘》，结交更多的良师益友。

这个冬日的下午，感受到了思想的解放，感受到了有方向、有态度的力量。想到了竹子，每前进一步，都要做一次小结，然后继续向上蓬勃生长。

DEC 21, 2020

治理追问

以往的改革，只能“摸着石头过河”。而今的改革，已从“随机”转变为“相机”，并正在往“成套”“整机”、系统集成、智慧治理方向转变。要注意的是，必须调整改革和发展的跷跷板关系。发展压力大，只能被动改革，阻力、风险增加，甚至有次生灾害。发展形势好，我们可以厉行主动改革，阻力小、风险受控。

领导力的“直升机模型”

当代民主制度的一个普遍趋势，是对管理要素的持续强化。在充满雷暴雨和暗礁的斗争年代，这个趋势可能“为整个政治系统提供了所需的‘新能源’”①。国家或地区发展的决定性因素，就在于“有能干的部长，以及一群在背后支持他们的优秀公务员”②。

我们把这种关键岗位主要领导的特殊重要性，极而言之为“处长治国”。原因很简单，处级单位在处理具体事务时，基本拥有完整权限和闭环系统。过去的 40 余年，“处长治国”创新能动的积极面功不可没；但是，“双刃剑”的消极面也愈发显现。

李光耀时代的新加坡，提出了选用高级公务员的“直升机模型”（精英政治 + 贤能执政）。第一层含义，能升能降、能进能出。第二层含义，公务员既要能从宏观角度，鸟瞰问题；又要能从微观角度，确认细节，调整焦距，对症下药。第三层含义，智敏反应，当机决断，直升机直上直下，不需要助跑。

李光耀的“直升机模型”灵感（1983 年），来自壳牌公司的领导力模型。该公司在招募经理时，有三重标准：分析能力、想象能力和现实感。但是，壳牌还有一个文化——人人皆是领导者（everyone is a leader）。员工对经理有着巨大影响，领导力和职位无关。人人（不只是经理 / 处长）都应该分析、想象和感受。

依据此“直升机模型”，分析“处长治国”现象，给人很多启示。最大问题是，到了 2020 年，我们的“直升机”似乎比以往更需要自上而下的政治动员。直升机变得像“固定翼”飞机，需要推力或拉力才能转换为升力，才能腾空而起。迈克尔 · 乔丹（Michael Jordan）说过：“主动和被动相差 30 倍。”这次的疫情，就是不“主动”、太“被动”造成的。疫情过后，要好好升级改造我们国家的“直升机”系统啊！

MAR 31, 2020

---

① 出自《联邦党人文集》，【美】汉密尔顿，杰伊，麦迪逊著，1980 年 6 月商务印书馆出版社第一版。

② 出自《经济腾飞路：李光耀回忆录（1965—2000）》【新加坡】李光耀著，2001 年 9 月外文出版社。

一把手，必须是行家里手

“现在我们的队伍里面发生了这样一个矛盾，就是我们的干部不学习便不能够领导工作……我们队伍里边有一种恐慌，不是经济恐慌，也不是政治恐慌，而是本领恐慌……”①。

“各级领导干部要加快知识更新、加强实践锻炼，使专业素养和工作能力跟上时代节拍，避免少知而迷、无知而乱，努力成为做好工作的行家里手……”②。

我个人所理解的，摆脱了本领恐慌的行家里手，是不断扩充的“活字典”、是走街串巷的“活地图”。他讲规矩、懂规律、熟悉规则规范，工具箱里琳琅满目、预案库里分门别类。他是乐天派、是行动者、是学习积极分子；他是自我驱动的、是不待扬鞭自奋蹄的。他是“一专多能”的。尤其是这个“专”，是专业知识、专业思维、专业方法、专业能力、专业精神的叠合，最后集成出一种权力——专业权力。大“疫”过后，相信大家对此有深切感受。

行家里手，是引领者、是压舱石。他每逢大事有静气。腹有诗书气自华，“静气”要靠诗书涵养，更靠态度来凝练。中华人民共和国成立之初，周恩来是总理兼外长。毛主席让陈毅做总理的助手，担任外长。陈毅说自己情绪化，怕不能胜任。主席说，临事而惧，是做工作最需要的态度，你最合适了。临事而惧，才能临事不惧。

行家里手还应是智敏的，不能“钝化”；是韧性的，风来了不飘，浪来了不垮；是伙伴们的主心骨，是各项复杂工作的兜底者；是保险和再保险。行家里手不是一个人在战斗，他和团队伙伴双向赋能，相互支撑。行家里手更需要思想交锋，需要锤炼。

英语中有一个短语 old hand，意为老到、熟练、身经百战、经验丰富的人，用来表述行家里手。而新手，是 green hand（不是 new hand 哦），大概是青涩青葱之意吧。哪个老手没有经历跌跌撞撞的成长期呢？古人提倡，“求人不如求己，求己不如求学”。今人更要“勤于学、敏于思，坚持博学之、审问之、慎思之、明辨之、笃行之，以学益智、以学修身、以学增才”[③]。

孟子说，“贤者以其昭昭使人昭昭”。一怕外行领导内行，二怕秘书领导领导。DEC 16, 2020

---

① 出自《毛泽东文集（第二卷）》，《在延安在职干部教育动员大会上的讲话》。

② 出自 2016 年 7 月 1 日《习近平在庆祝中国共产党成立 95 周年大会上的讲话》。

③ 出自《习近平为第四批全国干部学习培训教材作序 要求各级领导干部一刻不停增强本领》，人民网北京 2015 年 2 月 28 日电。

改革是个矢量

最近密集参加各地“2035 远景”和“2025 目标”讨论活动，我多次表达“改革矢量”的观点。这个观点，很大程度上是受到差不多 15 年前看过的一本书的影响。书名叫《东方科学文化的复兴》，由朱清时和姜岩先生合著，吴文俊先生作序。该书某个章节的标题是“时间有‘箭头’”。我清晰记得其中几句话，大意是：爱因斯坦甚至认为，时间是一种幻觉……普里高津用复杂科学证明，时间是有“箭头”的，不可逆的……生命体是诞生于无序的高度有序的机体，特别是人类，是宇宙的“有序增加器”……我们确实是“时间之矢”之子、演化之子，而不是其祖先……

虽然，绝大部分人倾向于认为时间是标量（就像温度一样），只有大小，没有方向。但是，该书旗帜鲜明地坚持，时间是有“箭头”的。当下的规划编制和远景展望，其实非常自觉地沿着这样的时间“箭头”——“2035”牵引“2025”，“2025”驱动“2035”，面向未来，场景导向。有规划和无规划，不一样。强支撑、有保障的规划和弱支撑、无保障的规划，不一样。“笃悠悠”、得过且过和“急吼吼”、只争朝夕，不一样。同样是 5 年长度，效率效能可以有云泥之别。

时间“箭头”的背后，是改革矢量。经由“2025”、迈向“2035”的过程，复杂而言至少有 5 个关键驱动要素，分别是开放经济、消费社会、科技创新、多元文化和智慧治理。简而言之就一个，那就是改革，包括供给侧结构性改革和需求侧结构性改革。其实，可以略去“结构性”三个字，上升到改革这个层次一定是结构性的，包括解构和重构。改革这个矢量，有方向、有强度、能放大、不变形、可持续、不可逆。

以往的改革，只能“摸着石头过河”。有人戏言，中国“摸着石头过河”，越南“摸着中国过河”。而今的改革，已从“随机”转变为“相机”，并正在往“成套”“整机”、系统集成、智慧治理方向转变。要注意的是，必须调整改革和发展的跷跷板关系。发展压力大，只能被动改革，阻力、风险增加，甚至有次生灾害。发展形势好，我们可以厉行主动改革，阻力小、风险受控。

可以说，未来的竞争，是时间利用的竞争，是改革绩效的竞争。DEC 17, 2020

动能就是能动

“动能就是能动”不是绕口令。当下为什么缺动能？政府侧和企业侧，都不大能“动”。政府侧，管束多了（这是正确的），但是有效的正向激励没跟上。企业侧，获得感不强，安全感下降。于是就形成了这样的局面——政府侧，上面真着急，下面假积极、不想动；企业侧，真着急，越是小企业越着急，大家都不敢动。

深层次原因？预期！别把什么原因都推给老美。我们得承认，市场经济高级化走了一点弯路，工作作风不接地气，前几年的招商引资出现了“空窗期”。从盲目骄傲，突然折转到不自信、自乱阵脚，预期就被搞乱了。

我们总担心中美“脱钩”。事实上，更应该担心我们的宏观政策和微观政策之间的缝隙。得想想，为什么抽象都是肯定的，具象往往就不一定了。为什么目标既定，路径却是飘忽的。

毫不避讳，我一直批评部委的有些决策支撑机构。就是因为他们囿于皇城根，躲进小楼成一统，颠过来倒过去地只会堆砌大词汇，对火热而鲜活的市场和社会知之甚少、识之甚浅。口口声声，你们企业你们地方……把自己当高高在上的管理者，甚至局外人。前瞻研究功能在下降，政策通道功能在强化。

找寻新动能，是不是应有两个维度？第一，大家都要动起来、不懈怠；第二，大家都要动得对、不折腾。这才是撸起袖子，才是奋斗，才是只争朝夕、不负韶华的好样子。JAN 8, 2020

温和刺激 + 深刻改革

对于社会系统来说，发展是硬道理。对于发展来说，改革是硬道理。对于改革来说，方向和力度是硬道理。

现在，改革方向大多没有问题，但是改革力度跟不上。其理由冠冕堂皇——我们要“走小步，少停步，尽可能别走弯路”“既要仰望天空，更要脚踏实地”“确保风险受控”等等。很多条和块，高高举着深化改革的旗，一直走着维持现状的路。

一个比一个“温文尔雅”，都是“太极高手”，不去闯、不去创、不去捅破、不去折转，还叫改革吗？敢于啃硬骨头、敢于涉险滩，才能攻克体制机制的痼疾和利益固化的藩篱啊！如果逢山就绕、遇水则退，最多只有物理变化，难有化学反应。

我们得从真正的“re-form”要义上，再组织、再架构、再出发，推出有含金量和牵引力的改革干货。譬如，在取消高速公路省际收费站基础上，再进一步，永久取消全国高速公路通行费，因为这不仅能提高物流效率，还能降低物流成本。算小账，可能有些纠结；

算大账，一定是功在当代，利在千秋。

譬如，实行全国统一、简明的低税制。现行税制下，企业负担不高，“交易成本”让人受不了。由于各级各地各显神通的“创新”，五花八门，异常复杂，初一、十五还不一样，很不严肃。不少开票额，是“补”出来的。税收就跟长了脚一样，哪里优惠往哪里跑。就这么点存量，还搞空间大挪移，意义何在？

再譬如，对国企所涉及领域进行正面清单管理，尤其是地级市以下不要再保留国企。县域国企功能越来越弱化，越来越单一，基本干不了什么事情。当然，这应有个循序渐进的过程。但是，请不要误会，应该通过“双向渗透，国引民进”来做大国资的盘子！国资“躲”在社会资本的背后，为它们保驾护航，但不能冲到作业的第一线。

疫情防控形势向好，新的国际斗争暂未激化，需要我们未雨绸缪，“对准焦距，找准穴位”，推出一批方向对、力度大的改革实招。温和刺激 + 深刻改革，才是硬道理。千万不要强刺激 + 弱改革，这是最差的组合。APR 30, 2020

不用付出“老鼻子”代价的“双创”窗口期

“老鼻子”，中国北方俚语，意思是多得很，多得没法儿再多了。这个俚语是怎么和“鼻子”连在一起的呢？大概是因为古人认为鼻子是五官之首。创始人、首创者就被尊称为“鼻祖”。古人还将长子称为“鼻子”。清朝段玉裁的《说文解字注》等文献记载，“今俗以始生子为鼻子”。“老鼻子”，就是指长子年龄大，演变至今，用来形容某一种东西数量很多。

无独有偶，英语里也有个俚语 pay through the nose，典故出自 9 世纪维京海盗对爱尔兰的征服。丹麦人对当地人征收高额的人头税——鼻子税，通过数鼻子来普查，如有谁不肯就范，就会被划破鼻子接受惩罚。现在表达花冤枉钱、花大价钱，但性价比不高的意思，如 We paid through the nose for that vacation（那趟假期，我们可是付出了“老鼻子”代价）。

经济人，一定会盘算投入产出，谋划实施商业行动的节奏，在合适时间做合适事情。当下，是最好的创新创业的时间窗口。原因很简单，成本最低，风险最小，营商环境最友好。市场化的应用场景被充分释放出来，职能部门的服务意识被充分调动起来，玻璃门、弹簧门、旋转门被拆掉了，微障碍被清理得差不多了。简而言之，大众创新、万众创业，用不着付出“老鼻子”代价了，用不着 pay through the nose 了。

再往深里看，我们的发展和改革之间一直有个跷跷板关系。发展形势大好之时，改革的动静就相对收敛；发展势头受阻或出现“险情”了，才会转身求助于改革这把“利器”；发展至天花板时，改革往往躺在地板上。这样的“窘境”，一天都不能延宕下去。实际上，二者是相辅相成、相得益彰的 DNA 双螺旋结构，不能偏颇，不能偏废。改革之“果”和“实”，就是高质量发展。发展之“根”和“基”，就是持续性改革。

让我们回到改革的核心要义吧——降低、松绑、释放、便利……简而言之，就是不再付出“老鼻子”代价了。MAR 2, 2020

增强市场主体的安全感，刻不容缓！

经济形势好的时候，营商环境的重要性往往被掩盖，企业也不去计较。潮水退去，形势不好，营商环境就见真章了。是不是真对企业好，是不是对企业真好，一目了然。这个时候，谁帮企业一把，企业会感恩一辈子。这是最好的“稳”商，而“稳”商是最好的招商。

最不好的营商环境，会把企业逼上“歪”路，甚至破罐子破摔。

大领导，基本是对的。大政策，基本是好的。要看职能部门的手势，看细则的细节。问题往往出在不用心的部门在实施不走心的细则。

我看，多数职能部门还没有理解“保市场主体”的深远性和紧迫性。本来是可以加分的事情，却被操作成“离心事故”。追求绝对免责，比不负责还坏。

不要迷信国际组织的指标体系。金杯和口碑，都在企业那里，尤其是中小企业那里。

有些条款，早就明文规定，但是一直不严格执行，或者选择性执行。啥时候严格，严格到什么程度，需要看情况。解释权，这是个大问题。往深里说，是体制和机制问题；往现实里说，会增加市场主体的不安全感。

区域将分化发展，因营商环境而分化发展。

APR 26, 2020

地摊经济：实施有一定温度、一定弹性和相当刚性的“放管服”

地摊经济，是一种非正规、非正式、非连续、组织化程度不高、规模效应弱、范围效应强的边缘经济和自由商贸形态。它多数以提供生活用易耗商品和服务为主，以室外经营为主。它是市场经济的重要而有益的补充，填补市场供给的一些空白点，满足市民碎片化时间的消费需求。

它不一定是夜间活动，也不一定是低端活动，更不能被认定为弱势群体的无奈之举。它的参与主体多元，经营范围广泛，存在形式灵活，和其他活动的嫁接组合效应显著。当然，阳光下有阴影，其负外部性也是客观的、不容回避的。对它的管理，古今中外，都是难题。

城市管理不能此一时彼一时，没有连续性，没有严肃性。一刀切和一边倒，都不合适。针对地摊经济，不要拔高（地摊经济救民生），不要贬低（地摊经济是城市管理的顽疾），不能以罚代法，宜疏不宜堵。要实施有一定温度、一定弹性和相当刚性的“放管服”。

在时间上，白天和夜晚，只要非通勤高峰时间均可。在空间上，建议尽量安排到后街和支马路，不占用交通主干道。在内容上，和传统文化、风土人情、时尚创意、观光旅游、商务交流等紧密结合，甚至可以相互渗透、相互触发。

在管理上，包容审慎，尤其是税务处理从宽、就低。但是，在公共卫生和公共秩序上，一定要严把关。尤其要处理好与周边居民的关系，化“邻避效应”（Not In My Back Yard，NIMBY）为“迎臂效应”（Yes In My Back Yard，YIMBY）。另外，积极引导，创造条件，鼓励“个转私”，推动其市场化迭代。

另外，一定要避免过度解读、过度发挥，要克服逐级加码的“牛鞭效应”。不能应景地一哄而上，过段时间尾大不掉，难以调控治理。JUN 5, 2020

职能部门对市场缺乏敬畏，部委对地方缺乏敬畏

我们必须坚定地认为，“百年未有之大变局”是对我有利的大变局。当前和今后一个时期，我们的发展还是处于战略机遇期，这个时间窗口没有关上。但是，也必须动态地看到，机遇和挑战各自有新的特征，我们不能路径依赖，不能趋势外推，尤其是应对国内的不平衡、不充分，国际的不公平、不合理，我们要有前瞻性思考、集成性谋划、战略性布局、整体性推进。

国内棘手之事，大抵有两桩。

一是职能部门对市场缺乏敬畏，没有守住自己的边界，做太多、太活跃、太强势，但是又没能精准感知市场的需求，不够接地气，容易“翻烧饼”。“为了人民”“依靠人民”“由人民共享”，首先要来自人民，源于人民。我们的制度供给，应该优先服务于市场的业务流，而不是优先考虑职能部门自身的“工作流”。什么叫风险？物的不良状态、人的不良行为、制度的不良结构，其中尤以制度的不良结构为甚。制度的不良结构，尤以不能嵌入在市场业务流之中为最甚。

二是部委对地方缺乏敬畏。中央媒体曾经来采访我，聊了很多尖锐、敏感的问题。第一问，利益既得者是谁？如何破除？我说最大的利益既得者是部门（利益板块化，板块利益部门化），尤其是北京的部委。第二问，如何调动部委的积极性？我说现在泾渭分明，地方是创新突破导向，到处在“拱”，希望多“拱”一些体制缺口出来。部委是风险管控导向，尽量在“守”，希望不要发生系统性风险。都是对的，又都是不够的。尤其是部委，人之常情，非常容易高估风险，宁可晚创新、少突破，对地方“各显神通”的土办法总是慎之又慎。不少地方，盼星星盼月亮，盼上级的上级来督查，以推动专项改革往前走。以地方的一己之力，现在要做点事情，真心难。

解决上述两大棘手之事，只需要基于一个理念：应用场景导向。而场景在市场一线、基层一线，在群众当中，在人民对美好生活的具象和多样化的需求当中。最近有位专家给我们说了一句话，让人很震撼，大意是到一线、到前线，而不是依然靠跑“部门/部委”进“北京”。外部斗争吃紧，内部改革不能收紧啊！

AUG 6, 2020

“新计划经济”与“计划政治”？

我诧异于俄罗斯专家的以下观点：“唯有打造多元模式的经济才可行，即私营部门由中小企业运作，至于国家、地区和集体所有制部门，则视其全局重要性而定。此处没有自由市场的一席之地。后者以及它那只‘无形的手’应被明确的计划所取而代之，后者建立于就商品的生产及消费规模达成协商一致的基础之上，至少是全国和地方层面。”

北边邻居对“计划”依然情有独钟。他们认为，之前是因为缺乏足够的超级运算能力才导致计划经济失效的，而现在有了云计算、大数据、人工智能等，就可以对整个国民经济进行全面、精确的指令性计划管理。简而言之，用庞大的算力得出最优解，来增强那只“看得见的手”，替代“看不见的手”。

这些想法，得到了中国互联网行业几位明星企业家的热烈响应。他们很自信，认为假以时日，他们所打造的超级平台生态将足以解决“信息的完全性”，中心决策可以替代分散决策，计划经济将得以重生。

大到国家和城市，小到企业，制度（治理）之竞争，是永远的主战场。从市场原教旨主义、自由市场经济，到社会市场经济、中国特色社会主义市场经济，计划 / 规划的准备度、效率和激励的可持续，一直是 PK 的焦点。

一般而言，对于颗粒度小的事项，可以进行复杂线性计划 / 规划；对于颗粒度超大的复杂巨系统，只能借助于诸如流体动力学或宇宙大爆炸理论来驾驭。但是对治理对象的颗粒度、对最适宜的颗粒度的感知，以及如何把握不同颗粒度事项在治理层次上的交融，可能因经济体而异。美国当政者急于证明，哪怕是出了问题的美国模式，也优于最理想的中国模式。可惜，他的证明手段不是阳光下、台面上的正常工具，而是吃相难看、损人不利己的“计划政治”，“单点故障”的弊病已经显露无疑。

善于规划但不囿于规划，全面开放但不被动开放，将有助于中国治理。MAY 8, 2020

当下若干不太好的状态

下文的这些做法（在表述时，经过叠加和组合，做了处理，使之“典型”起来）及其背后体现的状态，说“不太好”其实是不准确的，应该是“太不好”，大有调整改进的必要性和紧迫性。

某中央企业要市场化转型，提出希望与我院长期合作。合作研究的内容三天两头更换。后来我们总算悟出一点道道：这是让我们当枪手，巧立名目、冠冕堂皇，忽悠地方领导，帮助他们以最小成本“勾地”……我总是困惑，尽管央企干房地产有压倒性的优势，但是这种优势于国于民，到底是好还是不好？

某家超大民企（世界500强企业），拟委托我们研究重大事项。我们正儿八经报了预算。没过几天，回复来了。对方建议，将研究任务化整为零，由“公对公合作”转为“公对私合作”，总费用直接少掉一个零。但是，“合规性”在哪里？

某市属国企请某专家去交流，第一次领导发出邀请，专家即欣然答应。但是此后不断更换联系人，从领导到主管再到经办人员，每次都要重复讲述一遍需求，让专家不胜其烦。最后，该国企给专家发来一份合同，说是律师的要求，合同里除了明确讲课费，还对课件提出了要求……完全理解他们的规程，一切是为了免责嘛！大企业病，不就是这样来的吗？

某中不溜秋的企业，很无奈地说它没有贷款需求，因为没有新业务。但是，为了配合金融机构的指标要求，不得不完成贷款任务。

外地某职能部门，突然急吼吼地给我们布置了一个课题。技术交底闪烁其词，任务边界模糊，部门“私货”若隐若现……“利益部门化”，还真不是传说。这就是“合成谬误”的缘由。

某外地来沪招商活动组委会到处拉人头，动员签约，宽慰人说不要有压力，反正签的是无法律效力的框架协议，图的是热闹……是啊，图的是热闹，花的是财政，被折腾的是企业，被满足的是领导。其实领导火眼金睛，什么都明了。

想到了商业价值，想到了市场秩序，想到了行政规范，十分担忧。如何改变这种境况呢？ MAY 18, 2020

如何将事情做“对”？

做事情，就是做“对”的事情（do the right things），把事情做“对”（do things right）。做“对”的事情，大抵可以从政治规矩、经济规律、市场规则、技术规范等角度来考虑。如何把事情做“对”（体现在态度、要求、方向、标准、途径、方法、细节、价值、绩效等），之前碎片化地也提到过。

最近，在内部讨论和外部调研中我凝练出一些想法。这倒不是耍嘴皮子、摇笔杆子，确确实实是在工作中感悟和总结出来的。做“对”一件事情，可能在于八个“对”。

第一是对接。对接受众生动、具象而多样化的诉求，也就是通俗讲的“接地气”。

第二是对照。对照上位规划，或者领导的要求，也就是通俗讲的“接天气”。

第三是对标。这是这段时间的热词，尤其在上海，听到最多的是对标国际最高标准、最好水平。

第四是对表。要有时间节点的意识，譬如对表“2035”，对表“两个一百年”。

第五是对称。主要是信息对称，因为有些遗憾就是因为决策时信息严重不对称造成的。

第六是对话。做决定，要几上几下、几来几回，充分听取利益相关者的诉求。

第七是对策。在约束条件下，根据轻重缓急，拿出解决问题的策略。

第八是对流。要有交互和反馈的机制，只有单向输出，是危险的。

我们在做事情的过程中，自觉或不自觉地，都在实践这八个“对”。当然，这八个“对”是组合，我们也无须刻舟求剑，非要八个“对”俱到。因时因地因人，顺势借势造势，想事做事成事。JUL 9, 2020

思想上“散装”，行动上“零售”？！

一位朋友批评当下一些领导，非常功利地选取式学习相关的重要成果和重要精神，而不是从更长的跨度、更广的视角、更宽的维度，来理解、把握和推进理论武装和理论建设。蜻蜓点水，一鳞只爪，攻其热门，不及其余，倒是也能阿宝背书，甚至朗朗上口。但是，对“中国向何处去、世界向何处去”的时代之问，对准确识变、科学应变、主动求变的新要求，总是很难知行合一。究其因，在于思想是“散装”的，碎片化的，缺乏逻辑引领和结构支撑。

体现在实际工作中，就是零打碎敲，头痛医头脚痛医脚，就是“零售式”行动。没有顶层管总思维，没有四梁八柱，没有公共平台，没有长效机制。朝令夕改，临时起意，有一出是一出，“翻烧饼”是家常便饭，使得公信力和执行力大打折扣，很容易掉进“合成谬误”的陷阱。当下的各个模块拼合不起来，当下和未来拼合不起来，很难行稳致远。

这就需要坚持系统观念，加强前瞻性思考、全局性谋划、战略性布局、整体性推进，从事物发展的全过程、产业发展的全链条、企业发展的全生命周期出发，来谋划设计改革。

朋友接着又悠悠地来了一句，为什么多“零售”、少“批发”？“零售”易上手，见效快啊，而“批发”需要久久为功，等不及啊！真正能做到“功成不必在我，功成必定有我”的，恐怕还是少数。这就需要调整我们的考核指挥棒，重心从即期产出转到即期产出 + 预期产出。

我向他讨教，怎么看“开局就是决战”“起跑就是冲刺”。他说，在特定情境下，这些话是对的，必须这么干，因为精气神是很大的战斗力和竞争力，适用于今天之前的管理；但是今天往后的治理，更像马拉松，是长跑、是耐力赛，要补短板、强弱项，须统筹分配好包括体能在内的各项资源，尤其不能拿自己的短板和弱项去跟别人进行冲刺比赛，只有加固了根基，才能发挥优势，才能与别人做短时甚至瞬时的高效 PK。 NOV 25, 2020

防范和规避“牛鞭效应”

牛鞭效应（bullwhip effect），是经济学和管理学术语，指信息在沿着供应链（多数是从需求侧到供给侧）传递、传导过程中，发生了严重的放大现象。这是一种扭曲，一种变异。市场终端的需求可能增加了10%，到零售商那里变成了20%，到批发商那里变成了40%，到分销商那里变成了80%，到厂家那里变成了需求倍增、必须上新的生产线。

就像人扯着鞭子一头，轻轻抖动，但是鞭子另外一头会感受到巨大的震感。消费者细小的偏好调整，往往被“异化”为供应链上游订货量的暴增或剧减。这给科学决策造成了极大的挑战。最佳产能、最佳产量、最优物流、最优库存等管理，都是为了消除偏差，减少牛鞭效应。

有人将牛鞭效应和蝴蝶效应相提并论。这是不合适的。牛鞭效应多数是人为的，蝴蝶效应是大自然的造化。另外，牛鞭效应背后通常有迹可循，找得到逻辑，但是蝴蝶效应背后往往是“混沌世界”，人们知其然，不知其所以然。

在中国，牛鞭效应最厉害的体现，是顺着行政层级自上而下，任务量被层层加码、逐级放量。为了让上级放心，本级在实操中“宁可过头，不可不够”，对下级的要求是基数乘以系数。要命的就是这个系数。诸多荒唐事，迎上欺下、浮夸忽悠之风，基层之不可承受、难以持续之痛，皆由这个系数而起。

中间层的精确传导（拷贝不走样），基层的活力释放、责任松绑，是治理能力和治理体系现代化的重要组成部分。防范和规避牛鞭效应是重要的功课。

JUN 9, 2020

“责任耗损螺旋”要不得

前几天关于“牛鞭效应”的短文引发很多朋友的共鸣和吐槽。和“牛鞭效应”如影随形的是“责任耗损螺旋”（纯属原创），也可叫“责任耗损滑滑梯”。自上而下，你别看有时候工作量逐级递增，“净责任”却是螺旋式递减的。

2020 年 6 月 8 日，全国现有新冠肺炎疫情确诊病例 118 例，其中港澳台病例 60 例，境外输入病例 58 例，本土病例首次清零。这天，有些办公楼、居民区的体温检查措施仍然在照常执行。这是个好事情——防控疫情不放松；这也是个很不好的事情——在有些地方体温枪已经不是对准额头或贴近手腕，而是隔空虚测，意思一下。这种“虚晃一枪”，不是现时才有的，恐怕早就存在了。“晃一枪”是我的工作量，必须完成，因为“枪”到就是任务达成，至于虚或实（其实就是“净责任”），全在我的手势，别人是很难度量的。

只要上头的指令没撤销，下头就得执行，而且放大执行、扩大执行（“牛鞭效应”使然）。但在传导过程中，执行的力度、精度却拷贝走样，甚至荒腔走板。

你让我做，我就做给你看。有些地方，工作中追求“能见度”“显示度”“存在感”“留痕”，就是这个道理。至于做成什么样，要看压力、自觉和心情，具体表现包括但不限于形式主义、文牍主义等。这就是“上热中温下冷”的现实情况。

突然想到了 stage shedding 一词，似乎可以翻译成“拾级而下”。还想到了 power breeds responsibility（权力孕育责任）。“牛鞭效应”和“责任耗损螺旋”肯定都是不对的。如何实现权与责匹配（matching）、上下相宜，资源与任务匹配、自动调适，被动受命和自我驱动匹配、内外兼修呢?

思考中。**JUN 19, 2020**

理想的应急物资储备体系

“理想的应急物资储备体系”是院里最近启动的自主研究课题。小伙伴们达成共识，对标“1-3-2”。“1”是东京，“3”是纽约、伦敦和巴黎，“2”是新加坡和中国香港。当然，不是简单的对标，还包括对照（上位要求）、对接（全情景的需求）、对表（“2035”）、（拿出）对策。

研究的目的，是想在现代动态风险社会的背景下，探索打造具有全球影响力的、智敏韧性的、系统集成的应急物资储备体系。2020 年，新冠肺炎疫情突如其来，我们不同程度地参与了相关部门的救急和谋远行动，简单而言，从一开始的掘地三尺找医护材料，到论证口罩等物资的发放模型，再到后来的促消费、提景气等，这一路让人感慨万千。

在我们心目中，上海建设物资储备体系，提高应急响应能力，要朝着全球中心节点的目标去。就像浦东国际机场，这一次发挥了中流砥柱的强大作用。这应该是治理能力和体系现代化的要义，是卓越的全球城市的战略功能模块，是引领长三角一体化的务实抓手，是现代产业生态的“策源”力量（新基建）。

应急物资储备体系建设，至少有这么几个要求：它是可持续的、不可逆的；是泛在和应景因需的；是应变和“预变”的；是“管总”和“总成”的；是平战结合的；是政企结合的；是与保险等金融手段结合的；是广泛应用技术手段的。对于风险“敞口”极大的超大城市而言，在特殊时间，为特殊目的（譬如应对自然灾害、事故灾难、公共卫生事件、社会安全事件等），以特殊手段，将“活性”物资移动到特殊地点，完成特殊任务，而且要做到有求必应、成本可控、质量适配。往低了说，应是标准动作，往高了说，是城市的竞争力。

这就需要厘清应急物资储备体系的主要领域、重要环节、关键技术、共性平台、底数底图、配套保障（体制－机制－税制－法制）等。大家一致同意，以复杂适应系统（Complex Adaptive System，CAS）作为基本理论，将专项实地调研和专家头脑风暴作为基本方法，将风险识别、需求解析和情景模拟作为基本工具。

研究总有价值，唯愿应急物资储备体系“破镜”更快，“结界”更强，魔都更安全，全国更安全，世界更安全。JUN 10, 2020

为什么那么多人觉得自己不够开心？

好多人是开心的。不管从哪个角度，美好生活有“数量”，有“质量”，而且在持续提升当中。但这些人还是觉得自己不够开心，而且找不到具象和直接的原因。反正，就是处于一种挥之不去的焦躁、疑虑、纠结、彷徨状态。

这种“不够开心”的状态，是集体性的、超越地域的，呈现扩大化的不健康苗头。

有人说是因为信息过载，作为个体的人，在资讯的汪洋大海中，更觉渺小，难以把握自己的方位和轨道。有人说是因为竞争过度，有形无形的“鄙视链”压得自己喘不过气来。有人说是选择困难，在太多的可能性前面，不管做什么决定都意味着高昂的机会成本。有人说是话题切换太快，如果你成为热点的“俘虏”，相当于一直泡在涨潮的海水里，双脚很难着地，自然是缺乏安全感。更有人将此“心灵感冒”和人均GDP 高不成低不就的新阶段挂钩。

这种“不够开心”，会不会进一步“病变”，发展成为抑郁症？《纽约时报》网站 2020 年年初刊发的《美国为何如此抑郁？》提出一个让人倍感紧张的命题：政治和心理健康同时衰落，并非简单的巧合。文章进一步推导：可怕的环境助长抑郁，抑郁导致灾难性思维，灾难性思维使得环境比实际情况更加可怕……

弗洛伊德说，抑郁是转向内在的愤怒。有人“不够开心”，是因为“愤怒”吗？如果是，那是对谁“愤怒”？如果它是一种整体自我感，要不要进行前置干预？毕竟，连世界卫生组织都预计，到 2022 年抑郁障碍将成为发展中国家最严重的疾病负担之一。

前滩综研《2020 年 10 大预测》的第五条，就是“和新生代相关的心态、生态、形态、业态之变，增加了‘十四五’规划编制难度”。如何在“十四五”规划中补上这块短板？之前的计划 / 规划，多数是谋划“物质”的，今后恐怕要重视谋划“精神”和“体验”了。

JAN 15, 2020

疫情长考

疫情残酷，让人恐惧。但是一旦恐惧退去，价值观竞争将以最快速度，回到舞台中央。不管我们是否愿意、是否准备好，价值观竞争正在围绕全球叙事持续升级。人们必须认识到，这不是我们期盼的有管理、有边界的竞争，而是比病毒更狠、比疫情更广的斗争。

警惕“信息瘟疫”

世界卫生组织（World Health Organization，WHO）通报，“在COVID-19疫情暴发和各方应对疫情的同时，出现了大规模‘信息瘟疫’”[①]。WHO已经向负责通信和社交媒体事务的团队委派任务，要求他们应对有关新型冠状病毒的错误信息。

所谓信息瘟疫，就是通过互联网等载体，链式传播不良消息，产生负面社会效益。瘟疫传播的条件是病原体+传播途径+易感人群。信息瘟疫的传播机理也差不多。道理不复杂——该说的人或机构，不说，说晚了，或没说清楚；某些不该说的，却道听途说，胡编乱说；还有些人怀着某种企图，浑水摸鱼，带节奏、带方向。

现代互联网本就是虚拟江湖，各色人等，诉求万千。它还相当于超级“反应釜”。根据六度分隔理论（Six Degrees of Separation），你和任何一个陌生人之间所间隔的人不会超六个。当真相还在犹抱琵琶半遮面，羞羞答答、扭扭捏捏时，谣言已传遍天下，量大面广的“易感人群”极可能被“洗脑”，失去辨别能力。

想起很多年前，我作为某财经月刊的执行主编经常接受有关部门的教育：占领主阵地，唱响主旋律，打好主动仗。有句话，很直白，印象深刻——你不说，自然有人说，等到你想说，可能已经没人听了。前段时间出现这样的混乱，以至于被 WHO 定义为信息瘟疫，就是因为在一开始没人说、不及时说，主阵地被丢弃，主旋律被淹没，只能被动“挨打”。

《荀子·大略》云：“流丸止于瓯臾，流言止于智者。”这个“瓯臾”可以理解成某种平台，譬如信息公开平台。不能让平台上空空如也，啥资讯都不披露。这个“智者”，可以理解成专业权威人士，具有公信力，没有一己之私。“瓯臾”+“智者”，就像明晃晃的太阳（真实、公开），是最好的杀菌利器。

这次疫情，因为“瓯臾”和“智者”一定程度的双缺位，导致疫情蔓延之错。痛！痛！痛！

FEB 25, 2020

---

① “Listings of WHO’s response to COVID-19”, June 29, 2020, https://www.who.int/news/item/29-06-2020-covidtimeline.

“谣盐”止于智者，止于治者

新冠肺炎疫情凶恶。比它还汹涌的是“信息瘟疫”。为打击满天飞的假消息，多个信息平台专门开设了“谣言粉碎机”。

说到谣言，想到“谣盐”。2011 年 3 月，日本东北部地区突发 9.0 级地震，福岛核电站发生爆炸并出现核泄漏。由于社会上盛传服用碘盐可以抵抗核辐射，而引发了民众大量抢购、囤积碘盐。“服用碘盐可以抵抗核辐射”的说法，以及“今后生产出来的食用盐将受核污染”等说法，均无科学依据。但是在一开始，确有不少人信谣、传谣，产生了很不好的社会影响。

不管是“谣盐”，还是“信息瘟疫”，都是信息不对称的结果，也是没有及时干预处置的结果。微风最初只在青萍草头上轻轻飞旋，后来变成劲猛彪悍的大风呼啸而来。需要专业机构、权威智者，及时地、大方地“针锋相对”，给予通俗解释、正面回答。“起于青萍之末，止于草莽之间”，需要导向、导流，不能听之任之。

信谣、传谣的基本心理，是缺乏安全感（譬如，让国人匪夷所思的事情——老外为抗击疫情而抢购卫生纸）。免于匮乏，方能增进安全。以今天物流网络的完备，一般的物资保供一定是没有问题的。我们要进一步做好的，是削峰填谷，减少波动。现代“大储备”，除了储备实物，还要储备能力，提高“准备度”，平时、急时甚至战时，能有效切换。这就需要从体制、机制、税制、法制上，给出一揽子集成化的设计。

体制、机制、税制、法制到位了，治理现代化就到位了。“谣盐”“信息瘟疫”，止于治者。此外，提高国民的科学素养（介绍科学知识、推广科学技术、倡导科学方法、弘扬科学精神），也是应有之义。

JUN 28, 2020

想起《赫逊河畔谈中国历史》

此次疫情说明，国人对大自然和客观规律依然缺乏敬畏；国人又是最善良、最容易感动、最容易满足的；部分管理者首鼠两端，心存侥幸。

极少数“知道分子”，不在现场，不去求证，不清楚来龙去脉，不理解约束条件，夹杂了成见、偏见和主观臆断，自嗨、浮夸，甚至指桑骂槐，却拿不出一条实实在在解决问题的建议。

制度无疑是有优势、有韧性的，但是不能只是“应激”反应，需要智敏的“预反应”；治理体系的巨大空隙亟待修补。“系统”恢恢、疏而不漏才叫“坚韧”；不能利用急行军式的运动去代替组织之松垮、组织力之不足；不能以“文”载道、以“会”载道。

今后，牛皮还是要少吹。盛况和虚胖，是一个硬币的两面；让我们再多些建设性和前瞻性。善待自然，善待英雄，善待群众。开放的公民社会呼唤信息公开，呼唤实事求是，呼唤道德良知。

猛然想起黄仁宇在《赫逊河畔谈中国历史》的一段话：“因之更难放弃间架性的设计，以至于一般政令上面冠冕堂皇，下面有名无实，官僚间的逻辑被重视，其程度超过实际行政效能，又仪礼也可以代替行政，种种流弊，到二十世纪不止。”

唏嘘不已！ FEB 3, 2020

必须赢下“全球叙事斗争”

疫情残酷，让人恐惧。但是一旦恐惧退去，价值观竞争将以最快速度回到舞台中央。即便是合作正酣之际，竞争也不会远离。

不管我们是否愿意、是否准备好，价值观竞争正在围绕全球叙事持续升级。人们必须认识到，这不是我们期盼的有管理、有边界的竞争，而是比病毒更狠、比疫情更广的斗争。世界旧秩序的老牌玩家，挟持着传统的叙事优势，营造出咄咄的剧场效应。他们是那么擅长讲一个人的自由故事、一群人的自由故事，貌似感染，实则格式化，让所有人进入他们的故事。脚本是他们的，剧场是他们的，票务系统是他们的。

新加入者，在别人的剧场，满怀热情分享自己的新剧本，发现听者时信时疑，于是抓紧兴建自己的剧场，但是很快意识到，只要票务系统是陈旧的，多数努力事倍功半。想同时改变剧本、剧场和票务系统？代价高企，甚至可能是地动山摇的。

事物发展，经常颠覆人们的预期。此前还没有哪一件事情像今天的疫情一样，突然、全面、深刻地逆转了所有人的境遇。原来最善于讲故事的人变了，他顽固地坚持“我为一切，一切为我”“我是第一，我是唯一”。原来一直安安静静听故事的人变了，在下意识收敛自保的同时，希望更多地分享共担，前所未有地认识到，要革新而不是埋葬全球化。

疫情防控这个非传统因素，如此这般戏剧性地改变了传统，把历史引到了拐角处。新加入者故事的成功，是因为能够给国民提供“安全与安心”的能力，形成了不亚于影片和薯片的软实力。

想起了 1985 年日内瓦峰会期间，美国总统里根（Ronald Wilson Reagan）和苏联领导人戈尔巴乔夫（Михаил Сергеевич Горбачёв）的一段对话。里根问戈尔巴乔夫：“如果外星人突然入侵美国，苏联会来帮我们吗？”戈尔巴乔夫听后笑了笑，回答道：“会的。”里根听后非常高兴，也说道：“那到时候我们也会帮助苏联。”

疫情肆虐之际，谁逆行，谁敞亮，谁不甩锅，谁先复苏，谁爱己及人，谁就有资格担当未来的带头大哥。其首要本事，就是叙事，讲故事，把人带进自己的故事和气场。APR 4, 2020

特殊时期的特别探寻

首先，我要诚挚道歉。最近一段时间，我的情绪波动较大，说了不少情真意切却又似是而非的牢骚话，以“我怨故我在”[①]的方式，“满足自己深切的抱怨需求”[②]。而“牢骚和抱怨，是没有灵魂、才智低下者的最明确的症状”[③]，是“无意识的无能”[④]，“只能让恃强凌弱的浑蛋意识到自己附近住着一个弱者”[⑤]。“不停地抱怨，是对我们所享有的美好生活的最差回报”[⑥]。抱怨中，我们迷失，找不到解决问题的钥匙。

智库，其本质显然不是当什么弱者或强者。它应该是建设性的批判者，批判性的建设者。它要以更好的方法，回报这个稍微有点手忙脚乱、但是依然蓬勃向上的时代。那就需要冷静，保持思考，有所担当，去寻找约束条件下的解决之道。

我有如下粗浅思考：

——强秩序。“军令如山倒，看它往哪倒”。战时“军令”的生成机制，值得研究。不应该让世界笑话——最有组织的国度，出现了最无组织的情况。哪怕是一刹那一瞬间，都是不允许的。

——填空隙。纵向、横向、斜向，决策“空隙”全面暴露。央地关系、区域关系、专业决策—行政决策的关系、保健康—保建设的关系、救急—救远的关系，还有原生灾害—次生灾害的关系等，都需要重新梳理，甚至重构。现代化的治理能力和体系，是系统恢恢，疏而不漏的。

——建设有效信息市场。“有效”体现在信息的数量、质量和时效等维度，要靠市场化竞争来保障。如果说商品的一般等价物是货币，而货币的一般等价物是信息，那么信息的一般等价物又是什么？是诚信吗？诚信如何测度？如何即时地奖优惩劣？要承认“塔西陀陷阱”[7]的客观存在，并坚决反对“乌合之众”之类的说法。

——整肃治理执行团队。地方主要领导们，其教育背景、工作经历、能力禀赋、地域特点等如何匹配组合？大企业领导直接转任地方主官要补哪些功课？跨专业任职是否要建立准入条件？主题教育的成果该如何固化和转化？“官僚不是天使”[8]，在这种初始值下，如何设计公共选择机制，就是如何通过开放决策的过程，科学配置公共产品。

——优化整体营商环境。营商环境，是全过程、整体性的，其唯一的试金石就是中小企业的获得感。生得快、关得了还不够，关键是活得好。不管是救急还是救远，都要考虑中小企业的利益。仓促间、单维度的应对，体现着思想本能，却往往把营商环境打回原形。涉企的决策流程，就应该让企业参与。

希望以上思考，不再是牢骚和抱怨。灾难当前，全民行动。以我们的制度优势，大国经济体的韧性，定能化消极为积极，化被动为主动，化腐朽为神奇。共克时艰，做好预案，让报复性消费带动的经济景气，来得更猛烈些吧！ **FEB 5, 2020**

①②③④⑤⑥ 出自《不抱怨的世界》，【美】威尔·鲍温（Bowen, W.）著，陈敬旻、李磊译，湖南文艺出版社，2014 年 4 月。

⑦ 著名的政治学定律“塔西佗陷阱”得名于古罗马时代的历史学家塔西佗（Publius Cornelius Tacitus），通俗地讲，就是当公权力遭遇公信力危机时，无论说真话还是假话，做好事还是坏事，都会被认为是说假话、做坏事。

⑧ 1986 年，当布坎南（James M. Buchanan, Jr.）获得诺贝尔经济学奖走出颁奖仪式的会场时，一群记者围上前，要求他用一句话概括此刻的感受，布坎南说了一句耐人寻味的话：“官僚不是天使。”

追求“绝对免责”，比不想负责还恶劣

吐个槽，估计要被“反吐槽”。

疫情，是天灾+人祸。初期的应对表现是很糟糕的，中期的应对是能打高分的。疫情当前，有的人看风向、轧苗头、捣糨糊，“随波逐流”，追求“绝对免责”；有的人，豁出去、扛起来、堵枪眼，奋力担当，手续容缺，鼓励先行先试。

制度优势，实实在在摆在那里。不管你认或者不认，它就是定海神针。就应该把中国特色落落大方地亮出来，同时参照现行国际规则，大胆创设新规则。

但是，治理方面，要反思和检视的地方太多了，万里长征只走了一半。治理现代化，就是让规矩、规律、规则、规范，多发挥作用；“四规”发挥作用，要稳定、可靠，可持续、可预期，不翻烧饼。

让人说话，恰是最安全、最讨巧的治理。越让大家说，大家就越不会乱说。越不让说，越可能“发酵”出怪话、胡话、气头话、过头话。中国人是最善良的，最听话的，不去惹事，勤奋干事。中式的实干+西式的创新=迸发/涌流。

回到疫情，我们最凶险的时候可能已经过去了，其他国家的事儿刚开始。我们应该热情、无私地伸出援手。MAR 3, 2020

没有战略，只有危机管理

美国前国防部长罗伯特·麦克纳马拉（Robert Strange McNamara）曾说，今天根本就没有战略这回事，只有危机管理。虽然他是在回忆1962年10月古巴导弹危机之时说的，但是危机管理分明就是美国的常态战略。麦克纳马拉，公司掌柜出身，因把企业财务管理理念运用到政府管理中而闻名于世。我由此想到美国企业立国、为企业立国的历史。最近湖北省和武汉市的换"蒋"走"马"，国企高管转任封疆大吏，为什么没有表现出应有的干练和果敢，以至于让"1%的偶然因素（危机）毁掉99%的成果"呢?

在危机和管理当中还有两个字——沟通。完整地说，是危机沟通管理（crisis communication management）。我们不少地方官，强于战略管理，但是在战略和管理当中漏了两个字——实施，完整地说，是战略实施管理（strategy implementation management）。

美国的战略，是围绕"自身厌恶"展开的，力图在动态风险社会中，建设"整体安全装置"。我们的战略，是围绕“自身偏好”展开的，“总体安全观”来得及时，但尚未能全面架构。部分地方领导一方面认为危机和风险客观存在，另一方面，鸵鸟般地有一种“赌”和“搏”的迷思，总觉得自己不是那个倒霉蛋。

再看湖北省和武汉市，两位前“主管”虽然同样是公司掌柜出身，但是在此次疫情中，并没有发挥个人经历之强项——识别风险、及时止损，令人扼腕。我们要从“1% 的偶然因素”的思维中跳脱出来，看到“艺术化的战略管理”的局限性，看到常态化防灾减灾的紧迫性。要及时让管理“脱虚向实”，往实战层面降维，往沟通和信息披露方向聚焦。唯有如此，方可确保来之不易的“99% 的成果”。

对待危机和风险，必须主动规避或应对，躲是躲不过的。MAR 5, 2020

复苏之路，从“不违约”开始

昨天，我院专报与简报研究室编研的《全球智库动态》，刊发了全球最大的风险咨询公司欧亚集团的一篇文章《新型冠状病毒影响中国作为可靠贸易伙伴的声誉》。文章说，中国给世界留下的印象是，自SARS以来没有吸取更多的教训。这种印象，可能会让其他国家在生产方面减少对中国的依赖。

我们如何改变这种印象，如何阻止生产模块的流失，如何保持供应链的影响力和话语权?

减少违约，就显得相当重要。对外，尽可能帮助企业在国际市场上免于被认定存在违约行为，要运用好“合同受挫”“履行不能”“嗣后不能”“交易基础丧失”等国际通行规则，强调“不能控制的障碍”（即不可抗力）。

对内，尽可能减少“政府违约”——政府对企业的违约。非常时期，非常手段。政府为了救急，出台一系列临时紧急措施。随着中心工作转到救远，临时紧急措施如何平稳过渡、切换回常态长效机制，相关的承诺如何兑现，都在考验我们的职能部门，考核我们的营商环境。不管是平时、急时，还是战时，政府公信力都不能打折扣。超越周期（可持续）、广域兼容（普遍性）、精准施策（有效性），是现代治理的要义。在“经济政策的兼容性和经济周期背后的驱动力”研究方面取得杰出成就、获得2004年诺贝尔经济学奖的挪威经济学家芬恩·基德兰德（Finn E. Kydland）认为，制定宏观政策时，比相机抉择更加重要的是运用规则，政府一旦宣布这种规则，就必须坚守承诺，让公众相信宣布的政策是可信的。

他说，政策制定者显然也是偏好保持政策一致性的。只有个体预期政府未来的政策正好是政府当期的最优政策时，经济政策才是时间一致的。当然，依旧会有各种各样的原因，让政策制定者打破原来的承诺。不过，他相信中国的政策制定者“有着约束政策不一致的远见”[①]。**FEB 17, 2020**

① 出自2016年11月《中国经济报告》记者就经济政策与增长对诺贝尔奖得主芬恩·基德兰德的专访。

由林肯的经济作为想到“灾后”重启

211 年前的昨天，也就是 1809 年 2 月 12 日，亚伯拉罕 · 林肯（Abraham Lincoln）出生于肯塔基州。后来因废除黑奴制等作为，他被公认为美国史上最伟大的三位总统之一。他是第一位共和党籍美国总统，也是首位遭遇刺杀的美国总统。

世人高度评价林肯。卡尔 · 马克思（Karl Heinrich Marx）说：“他是不会被困难所吓倒，不会为成功所迷惑的人，不屈不挠地迈向自己的伟大目标，而从不轻举妄动，稳步向前，而从不倒退……总之，是一位达到了伟大境界而仍然保持自己优良品质的罕有的人物。”[①] 列夫 · 托尔斯泰（Лев Николаевич Толстой）说：“林肯的地位相当于音乐中的贝多芬，诗歌中的但丁，绘画中的拉斐尔，人生哲学中的基督。”[②] 玛丽莲 · 梦露（Marilyn Monroe）则认为，林肯是美国史上最性感的男人。

今天不说林肯“民有、民治、民享”（of the people, by the people, and for the people）的葛底斯堡演说，也不说他在外交和军事等方面的丰功伟绩，就特别说说他在经济领域的卓越作为和历史贡献。

1861 年开始，林肯政府宣布停止硬币支付，以保证黄金储备，稳定国库，并发行纸币；通过《国家银行法》，建立国家银行制度；发行政府公债……这些措施统一了全国的财金管理，又排除了私人金融的干扰，在联邦层面全面掌握了国家经济命脉，用今天的话，就是实现了统一而广袤的国内市场。

1861—1862 年，林肯政府调整税法，保护本国工商业发展。同时，调整了国内税收制度，让公民缴纳所得税成为惯例，延续至今。

1862 年，林肯政府签署《太平洋铁路法案》，北美大陆大动脉得以贯通，极大地拓展了国内市场。内河航行也迅速发展，伊利运河和五大湖的航行空前繁忙。国内贸易全面开花，国际贸易生根发芽。

1862 年 5 月 20 日，林肯政府颁布《宅地法》，规定凡在西部连续 5 年耕种无主土地、年满 21 岁的公民，只需缴 10 美元的证件费，就可以获得 160 英亩（约 64.75 公顷）的土地，土地归个人所有。他倡导迎难而上、勇于拓荒的精神，用资产阶级民主革命的方法，解决了自美国建国以来一直未能彻底解决的西部土地问题，在世界史上是一种解放生产力的创举，从根本上阻止了南方奴隶制向西部扩张。自此，西部原野沃土快速导入移民，土地开发日新月异，资本主义经营方式的农牧场大量出现。

外经方面，早到南北战争之前，为应对来自英法的压力，林肯政府实行“封锁”（南方港口）+“取代”（北方大量种植小麦，塑造小麦和面粉的出口竞争力，来取代南方的棉花产品优势）政策。尤其是“取代”政策，让南部同盟的“棉花”王牌彻底失效，也让英国不敢轻易失去美国北方这块粮食供应地。用今天的话来讲，就是供应链的深度嵌入和主导。

纪念之余，深受启发。突然，就想到了世界贸易组织（World Trade Organization，WTO），以及不存在的亚洲贸易组织和中国贸易组织。市场经济，是流量经济。疫情过后的“重启”，关键在于促进资源要素的自由流动——流留结合、以流促留、以留引流。我们得早下功夫，多做文章。FEB 13, 2020

① 出自《林肯传》，【美】戴尔·卡耐基著，陶尚芸译，中国法制出版社，2018 年 1 月。

② 出自托尔斯泰于 1909 年 2 月 7 日在纽约世界报（*New York World*）首次发表的文章《托尔斯泰评林肯》（*Tolstoy on Lincoln*）。

顺势从“转产”，导向“转型”

生命重于泰山，疫情就是命令，防控就是责任。在非常时期，我们充分利用制度优势，重组企业产能，满足应急需要，保障医护物资供应，对最后战胜疫情具有战略性意义。企业应急转产的体制、机制、税制、法制，触发点定义、上下游响应、物流体系构架、征用和结算制度、峰值产能的事后消化调整等，是此次战“疫”的宝贵经验，将成为国家公共卫生应急管理体系的重要组成部分。

应急（应激）转产，给各地区、各行业的顺势转型创造了场景，开辟了入口。

人们终于广泛而清晰地认识到：在相当一部分传统产业的旧产能里，潜藏着面向未来的新动能。这个从旧动能出发的新动能，规模大、成长性高、持续性强，可以对接或导入新技术、新模式，从而孕育出新产品和新服务。

譬如在口罩生产这样的“红海”行业，有企业开发出可清洗消毒、可重复使用的产品，其加工过程和服装加工“共线”，是典型的柔性“新生产”；物流配送领域的几家头部平台，在此次战“疫”中成为国之重器，让人体验了什么是坚韧的“新交易”；即便是居家就餐，“公筷母匙”也越来越被接受，成为时尚“新生活”。另外，还有“在线在网胜似在场在岗”的新型办公、远程教育、共享员工、弹性就业等。

因“转产”而起，因“转型”而兴，避免“地方性、特殊性、局部性的生产过剩危机”（恩格斯称之为“中间性危机”）。有关职能部门“宁可过头，不敢不够”，动员企业踩足油门搞转产，甚至直接帮着踩油门，把方向盘。现在，应该把油门、方向盘统统还给企业，让企业自主“换挡”。职能部门要做的，就是把“道路”“加油站”“服务区”等（营商环境）建设好，并及时播报天气（产业引导意见），供企业参考。

从“转产”切换到“转型”，企业需要灵活度，行业需要冗余度，地方需要智敏性，国家需要系统性。

FEB 19, 2020

不要“同情”，要“共情”

非常时期，很多职能部门的领导冲到抗击疫情第一线，“沉”到企业复工稳产现场，急企业家和劳动者之所急，帮着解决了很多实际问题。值得点赞！

正是因为有了这样近距离的接触，有些领导脱口而出：“之前对企业的了解和理解非常不够，企业家的成功背后，有着常人看不到、受不了的艰辛和苦难。”甚至有人说：“对企业确实应该好一点，再好一点，企业和企业家的很多遭遇，真让人同情。”

同情（sympathy），当然是美德。歌德说：“同情是人类与生俱来的天性。”陀思妥耶夫斯基说：“同情是人类生存最主要的，也许是唯一的法则。”但是讲政商关系，用这个词，总让人觉得怪怪的。政商关系，既要清，又要亲，是建立在平等基础之上的。政与商，没有哪一方是强者，而另一方是弱者。同情，是把“双刃剑”，不会使用的人最好别动手。

能否换个说法，不要同情，要“共情”（empathy）。同情，是单向的、表面的，甚至居高临下的。共情，则是交互的，意味着感同身受、将心比心、换位思考、愿意分担、协同行动。再进一步，就是同呼吸、共命运。

打个不恰当的比喻。有人嘴上高喊“某某加油”，实际上将来自疫情重点地区的人当作洪水猛兽。这显然就只有表面上的同情，没有内心里的共情。这比冷漠，还不得人心。

我们的企业也一样，不需要间歇性、碎片化的嘘寒问暖，希冀的是为了共同美好生活，大家以积极有为的参与者角色，共同构筑“既清又亲”的利益共同体，让平等的政商关系，在阳光底下，公平、公正、公开地，可持续、不可逆地运行下去。

写到这里，想起了2020东京奥运会的主题口号——United by Emotion（激情聚会）。**FEB 26, 2020**

复工是战术，复产是战役，复能是战略！

太多的媒体朋友“追”过来，要采访复工主题。我不好明说，只能绕着弯儿友情提醒他们，可不能“想当然”啊，尤其是不能偏听专家的“隔空”判断，必须自己到车间、到堆场、到口岸，问门房、问工人、问老总。

复工，不是让工人返岗这么简单。它涉及人财物、产供销、上下游，是个系统工程。单点式的复工，效果肯定打折扣的，一定要行业性、区域性、集成性复工。我们真正要的是复产。如果说企业家着眼复工，那么，地方政府应该着眼复产。

有的地方机械考核用电指标，强制摊派，企业不得不让机器空转。简直荒谬透顶！有的地方，在落实降低物业租金等举措时，规定先缴后免，早缴早免，不缴不免。职能部门有谨慎流程，可以理解，但是建议进行优化，不要让房租成为压垮企业（尤其是中小企业）的最后一根稻草。至于手续繁复，表格一堆，几乎是普遍现象。企业本就狼狈不堪，为什么不能用技术手段去智能化确认呢？复工政策，用得不方便，用得不便宜，问题就出在职能部门不够智能。

想和热情报道复工的媒体朋友们说，你们辛苦了。市场经济是流量经济，复工、复产，“复”的是各种“流”，请大家多关注全国“一盘棋”，产业“大联动”，市场“畅其流”。不能只看部门公布了什么、只听专家发表了什么，更要多做一些沉浸式调研，问问企业真正得到了什么，感受了什么。

有序复工、科学复产的结果，就是复能，全面恢复竞合功能。“9 · 11”事件中，小布什的第一句话就问：“我们的航母在哪里？”这是因为航母代表着美国的竞合功能。“中国制造”就是我们的竞合强项。从此角度看，复工是战术、复产是战役、复能是战略。我们要有这样的层次感。另外，套用全面与进步跨太平洋伙伴关系协定（Comprehensive and Progressive Agreement for Trans-Pacific Partnership, CPTPP）的精神，我们要全面而进步（comprehensive and progressive）地复工，而不是简单地回到疫情之前。

MAR 6, 2020

需要有人大吼一声，提振市场，一起复工

最近通过各种形式，我和不同地区、行业、规模、所有制性质的企业家交流。聆听他们的心声后，我受到深刻教育。

——对未来充满信心。但是这个未来，不是阳光普照的，而是冷暖不均的，高度分化的。越传统越被动，越“颠覆”越有出路。

——政策的作用，对不起，将进一步下降。市场逻辑强的企业，抗风险能力也强。政策依赖度高，反而容易被折腾。好的商业模式，不靠政策吃饭。

——营商环境，不是喊出来的，而是在你换气、歇脚、转弯的时候，来搭把手。主要领导嗓门大、脾气急、拍胸脯、高调公布手机号的地方，营商环境通常是跌宕起伏的。而不稳定的营商环境，是最差的营商环境。

——泡沫来自资本。资本所到之处，鱼龙混杂，泥沙俱下。它能把企业顶到天上，也能把企业砸到地下。企业是因为自身而有价值，外来投资是让有价值的更有价值。自己没定力，就谈不上价值。短时间内

可以包装，但是别想着一直混下去。

——比较优势，更多是在逆境中体现。“相对没那么困难”，就是比较优势。

——经过此次疫情，人们醒悟过来：企业不一定需要这么多人，办公室不一定需要这么大面积，老总不一定需要这么频繁地应酬。但是企业一定要讲诚信（而不是讲排场）。就业者要掂量，是不是具备难以替代的技能。

——2020 年的 3 月和 4 月关键得很。相当于“打怪升级”，如果顺利过关，中国企业（中国经济）将不是复工、复产的问题，而是强劲换代转型。很多之前想做但始终狠不下心的事情，这一次就做了，该剁去的剁、该甩掉的甩、该调头的调，一定会有新天地。既然被史诗般休克一回，那就理解它、接受它、面对它、处理它，顺势重整、借机再造。

——复工是企业自己的事。企业在，供应链就在，跑不掉。职能部门，请你们别下指标，请实实在在地做好公共服务，不要碎片化。MAR 9, 2020

“激涨”，不无可能

人们猜到开头，却可能猜错结局。人们高估挑战，也可能低估机会。

根据疫情发展，通过对全球要素流动的跟踪，并纵览专业机构的研究动态，我院专项课题组大胆提出：在未来 1~2 年，中国经济存在“激涨”（sharp rise）的可能性，全球供应链上的中国力量可能得以加固，中国可能成为全球资本避险的首选目的地……

如果没有疫情，中国发展在逐渐收窄增速的通道中，将长期面临下行压力。突如其来的疫情，从外部给予这个经济体一个强刺激，驱动“新经济”（新生产 + 新生活 + 新交易 + 新治理），让它有了因事件刺激而“重构”（应激反应）、因要素流入而“升维”（水涨船高）、因场景涌现而“突变”（试验场 + 竞赛场）的可能。

这个“激涨”，表现为某个技术、某个产业、某个地区、某个时代，但更是系统性的，其影响面之广、持续性之久，是前所未有的。内因包括但不限于全球最完整的产业门类、最有（报复性）购买力的市场、最有梯度的空间纵深、最有韧性的组织、最有节奏的“开闸放水”……简而言之，就是我们的超级自制力和超级反弹力。外因包括但不限于：老美拱手让出的诸“群”都更需要中国，包括资金在内的生产要素更便宜，中国修复产业链而其他经济体可能停摆，“一带一路”倡议和其他经济体政经战略紧密衔接……

但是，要把“激涨”这个可能性转化为现实，需要政策工具去触发，这相当于扣动扳机。这个扳机是什么呢？说一千道一万，就是开放的公民社会，就是放松管制，以人为本。这个“人”，包括本地居民、企业公民、外来“游”民等。越是自信地“放”，将越能持续地“涨”。

“你的病，要你命”，其他经济体还在旁观时，并没想到疫情会迅速延烧过来，全球性恐慌情绪难以节制地蔓延开来。在疫情此消彼涨之际，我们如能实施高能级新开放策略，对内开放，对外开放，对未来开放，比美国还开放，就能“赢”回预期，“迎”回资源。MAR 10, 2020

提振社交，提振商业

疫情+隔离，催化了“非接触”技术及其经济。人们不得不畅想这样的新全球化——伦敦的酒店客房，由身处波兰的清洁工控制机器人进行打扫；德克萨斯州的草坪，由不出国门的墨西哥园丁通过软件给设备发送指令，完成修剪任务……这就是传说中的第四次工业革命吧？但这是人的全球化，还是机器人的全球化？

事情变得有点严峻。人和人的“脱钩”，或者人和人之间要依赖机器这个传媒来互动，这是福音还是挑战？人际关系学说创始人埃尔顿·梅奥（George Elton Mayo）说过，人是独特的社会动物，只有把自己完全投入集体之中才能实现彻底的“自由”。马克思说过，人的本质是一切社会关系的总和。在现代自由社会，社交属性是第一位的。人和人、区域和区域的重要区别，就在于社交强度。

有800年历史的伦敦金融城，实际上就是一座社交城。管理者曾认为，有人闲聊的地方就是产生生意的地方，所以要大量建造酒吧。现在他们认为，要让购物把富有的人、有支付能力的人吸引过来，集聚在一起，享受狭窄的街道和密集的消费场所。

美国共举办过 13 次世博会，高居各国之首，从中受益最多。但 1984 年新奥尔良世博会财务破产后，美国不但再未申办，还认为世博会这种现场社交方式已经过时，于 2001 年宣布退出国际展览局。直到 2010 年，当时的加州州长施瓦辛格在感受上海世博会现场的充沛人气时，重新认识到 face to face 的社交是不可替代的，决定推动加州申办世博会。

2019 年，奥斯汀西南偏南大会（South by Southwest，SXSW）活动吸引了 40 多万人参加，创造了 3.56 亿美元收入。这一活动，从最初的音乐节，演变成科技 + 媒体 + 营销 + 流行文化的巨大混合体。推特、杜比音响等技术新品，在此向全球首发。年轻人带着梦想、激情和创意，在此交流、交换、交易。社交的导流、赋能等价值，体现得淋漓尽致。

回答一开始的问题。人机互动，应该强化而不是削弱人际互动。社交强度高的地方，必定是有竞争力的地方。MAR 16, 2020

像抓“自然人消费”一样抓“法人消费”

各地英雄所见略同，火力全开，积极促进个人/家庭消费（笼而统之叫“自然人消费”），希望能强劲拉动终端消费/最终消费/生活性服务/消费性服务业，通过消费向生产发出清晰信号。

这些动作当然要做：救急和谋远结合，“软”（增加流动性）和“硬”（改善便利性）兼施，现场（店铺销售）和线上（电子商务）并举，内外贸一体化……

但是，这可能不是经济重启和景气提振的主阵地。我们发现，个人/家庭并没有因此而兴奋，“法人消费”（可能是不严谨的定义，简而言之是企业的综合性、中间性投入）还是疲软，起不来，甚至有收缩的可能性。企业家在谋划扩大再生产（譬如，开展促销、招聘员工、增加福利支出、改进工作条件等）时，谨慎保守，顾虑观望，不敢放手去投入。如何让企业和企业家撸起袖子、甩开膀子，是当务之急，其重要性超过让个人打开钱包。2008 年金融危机时，大领导说，信心比黄金更重要，现在是给企业家信心的时候了，法人消费活了，居民就业就有保证了，个人消费就水到渠成了。

“自然人消费”是终端活动。“法人消费”是中端活动，其实就是生产性服务业（producer service），或叫生产者服务业。美国学者认为，生产性服务业是消费性服务业以外的服务业，由企业、非营利组织和政府提供，主要面向生产者（法人）。生产性服务业，虽然不是直接用来消费（直接产生效用），不是最终产出，但是这个“中间品”（实则是经济循环中枢）的规模、浓度、控制力、成长性、贡献度，决定着整个经济运行的效率效能。

“法人消费”是生产和再生产全过程各环节的衔接、润滑、导流活动，能给经济运行带来丰沛活水。

法人预期不好，不肯花钱，或者根本就是无钱可花（投资），会直接、间接地影响着自然人的预期。最需要调节的，是法人的预期，要让预期改变“法人消费”，可以做的事情很多，可以考虑从提振生产性服务业开始。

——豁免企业在防控疫情中的“主体责任”（推而广之，是对企业更包容，容错、容缺、容“低”、容“慢”、容“小”、容“外”、容“流”）。

——提高创新研发活动的加计扣除比例，扩大税前列支范畴（譬如来不及走法定渠道的企业战“疫”捐赠）。

——降低社会统筹部分的企业负担（不打折扣，不翻烧饼，不“回潮”），国企物业给租户直接减免房租，不搞先缴后免等多余动作。

——精简企业的物流成本（在统一降低基础性交通运输成本之前，可以发放“成本分担券”等，全国通兑通用）。

——让企业真正少跑腿（企业吐槽：不奢望“不见面审批”，最好是“一网通办”“能网则网”，然后实现“最多跑一次”）。

——发展普惠金融等。

“法人消费”是发动机、播种机、传输带。“法人消费”高效转起来了，经济链条一定能通顺地前后触发、相互牵引，走出好行情。MAR 27, 2020

感知市场，感受“复苏”

从办公室出来，我往人最多的地方挤，去感知市场，感受消费。

第一站，是某高星级酒店。门口已恢复堵车。进门量体温，检查随申码。和前台套近乎，得知客房入住率 40%，依然是亏损状态。酒店和住店客人最大的需求是开放餐厅。餐厅经营者的要求想必更加强烈吧。大堂几乎满座，应该是商务人士在谈生意。但是没几张洋面孔。而这家酒店之前一直是老外首选之一。

逛到附近的一个网红咖啡店，此为第二站。室外座位全满，阳光下，通风条件良好，大家都脱去了口罩。入室，照样须量体温，看随申码，还要留下手机号码。室内客人不多，西装革履，貌似聊的是正式甚至是凝重的话题。

等到一个室外空位，要了一杯咖啡，只为“偷听”左邻右舍的话题。发现自己居然是年纪最大的，晕！

有一桌，显然都是富二代，座位附近堆了不少奢侈品购物袋。他们聊的，是 2020 年余下时间投资什么。另一桌，是外地来沪朋友，好像还没找到工作，但是很淡定，估计储备的粮草比较充足。还有一桌，普通话、上海话、英语单词全上了，在议论避税（个税）。

一阵淡淡的烟草味飘过来，扭头一看，发现有女士在吞云吐雾。烟民中女士多于男士这个现象，好像已经全球化了。

第三站是以“夜巷”著称的某单行道。虽是大白天，但人气不低。周边高品质写字楼的白领，轻松下楼享受美好生活。这让我更加坚定自己的判断——社交是刚需，商务区、商业区的本质是社交城。

透过玻璃橱窗可以清楚看到，商场里购物者明显增多。让人心情大好的是，大家可以大摇大摆直接进商场，没有任何检查。确实，已经“闷”了这么久，输入性风险基本受控，应该是可以放心的。打折的招贴广告，还是蛮诱惑人的。

南京西路铜仁路口，朋友的私房浙菜馆，迎宾小姐笑容可掬，门口车位全部停满。为朋友高兴。

最后一站，是恒隆广场。不是买买买，是参加一个会议。

要补充一句，下午所到之处，整洁有序、宜人便利。公共卫生，扎扎实实地进了一大步。APR 27, 2020

政府的积极有限作为，是“药引子”

全球各经济体在汹涌的疫情面前，阶段性集中和扩大公权力，赋予政府更大权威和资源协调能力，以应急救急，维护社会公共利益，争取获得最快和最佳成效。非常时期，行非常之策，毋庸置疑，有其合理性。

但是，争论也来了。政府大小和责任多少，到底如何匹配？有人提出，西方国家之所以“抄不了中国的作业”，原因无非两点：政府无力“抄”，政府无责任。“知乎”上有人发问：这次疫情[1]后，世界各国中原来的“小政府”流派会不会改成“大政府”（big government）？“大政府”会大行其道吗？这取决于疫情的发展、社会文化、治理传统等多重因素，但是走向“大政府”的概率是不大的。

就我们自己国家而言，最好的组合是：一个精而强的政府、一个大而强的市场、一个活而强的社会。最差的组合是：一个大而弱的政府、一个大而虚的市场、一个大而乱的社会。

现在我们感受到的，还不是小而强的治理体系，而是几乎得了“政策多动症”的职能部门，隔三差五，

10条、50条、新50条……政策如过江之鲫、雨后春笋，呼啸而来，纷纷脱靶。市场主体在政策的“汪洋大海”中，还是找不到救生圈……

政府强，并不是因为政策多。恰恰相反，是因为政策精准、简约、实用。我们测度营商环境时，把政策“少”作为一个重要指标。政府的积极有限作为，是“药引子”，不是药料的全部。真正解决问题的良药，在市场、在社会。行文至此，要为《关于构建更加完善的要素市场化配置体制机制的意见》由衷地欢呼点赞。若干年后回看，这是里程碑式的顶层牵引力。

我要再唠叨、再建议：公务人员衍生权力要清零，阳光收入要倍增；市场和社会主体的运行成本，要打对折。APR 13, 2020

① 指2020年的新冠肺炎疫情。

家家都有难念的经

在这场“二战以来世界面临的最大挑战”[1]面前，各国日子都难过。甚至有人说这是“又一个1914年”[2]。但是，与其说压力来自外部，不如说更来自内部。疫情放大了内部矛盾。大家不约而同地想到了将内部矛盾疏解出去。“自由、公平、非歧视、透明、可预见和稳定”[3]是共同需要，但是大家似乎都不愿意让步，更不要说让渡。

办法也不是没有。之所以暂时没办法，是因为不愿意接受。之所以不愿意接受解决方案，是因为损失暂时还可以忍受。

美国要做的，是自我增强，而不是到处甩锅、霸凌，理念像“愤老”，做法像叛逆期的孩子。小心中美经济未“脱钩”，美国内部政治经济先“脱钩”。

欧盟要做的，是内部团结，而不是相互猜疑，兄弟阋墙（欧盟的初心就是以国家之间的协同来弥补市场无计划的缺陷）。不跟从美国，不顺从中国，不依从邻居……甚至不听从自己的内心。“更年期”的所有症状，全都有了。归根到底，是不自信、不信人。

日本要做的，是告别“玻璃心”。世间最累的，莫过于当谁也不得罪的不倒翁。想得太多，软硬约束条件更多，选项则少之又少。它的未来出路，一定在本区域。“在地”是绕不过的。如果一时半会儿得不到大规模的“全球主义”红利，那就先抓住小规模的“区域主义”好处。

英国要做的，是想清楚要怎么样的“特殊关系”（对美、对欧）。它有基础做高耸的、穿透历史迷雾的灯塔。小而精的“全球英国梦”是有可能实现的。

俄罗斯要做的，是放下架子，去接受自己既无价值观创造能力，也无国家综合竞争能力的现实。层层叠叠的俄罗斯套娃之下，到底是什么？要意识形态，还是要国家利益？外人不知，恐怕俄罗斯人自己也不知。

印度要做的，是保证全社会的结构性、实质性公平。这个国度，“砖块”太多，“水泥”太少。

非洲要做的，是发挥独特的人口和地缘政经价值，实现“非洲世纪”的愿景。前提是不要在利益相关者的博弈中投机取巧，弄巧成拙。这个大陆最短缺的，是具备大智慧的政治家。

中国要做的，是对内宽松包容、解放思想，基于共识；对外诚信正义、战略清晰，基于规则。落落大方地宣示：“谁把中国当朋友，谁就是朋友；谁和中国过不去，那么我就和谁过不去。”还有一条建议就是，与其把国家财富“借”给其他国家，不如更多地“反哺”国民。本轮疫情之后，主权债务重组是大概率事件，要前瞻应对。“一带一路”转型升级更加迫切，官方柔性地提供公共产品（譬如“健康丝绸之路”），民间则高标准地提供商品，同时也提供高标准的商品。

APR 29, 2020

① 出自 2020 年 3 月 31 日英国广播公司网站。报道称，联合国秘书长安东尼奥·古特雷斯（António Guterres）警告说，目前这场新冠疫情是二战以来世界面临的最大挑战。

② 出自 2020 年 4 月 11 日英国《独立报》网站发表的文章。该文称，就地缘政治和社会经济而言，对欧美来说，新冠疫情与一战有着惊人的相似之处。

③ 出自 2019 年 6 月 29 日通过的《二十国集团领导人大阪峰会宣言》。

希望未来能打破这样的路径依赖

大楼大堂，应聘者排成长龙。当三分之一的美国青年处于失业或失学状态，中国青年后浪翻滚，奔腾在广阔的舞台上。

周边办公楼的空楼层慢慢被填满了。如果说，之前是一拿就是上万平方米的大企业，现在更多是“占地”千余、几百平方米的新兴企业在唱主角。新市场，新企业，这才是真正的活力。

和协作单位的会议一再推迟，各方都忙得不可开交。白 + 黑，5+2，行军床 + 方便面，成为很多企业的标配（不过，本人是反对的）。

朋友的外贸服装厂，差点关门大吉，现在却正为了“内循环”超负荷生产。尽管每单规模和利润下来了，但生产线不用停了，工人不用遣散了，周转更快了，算下来，利润不降反增。

大家（不管是政府部门、国企还是民企）的付款，似乎都爽快起来了，“流动性”充裕。关键是“流”起来了，就能够持续发展。

“守底线”“拉高线”，成为很多管理者的口头禅。

底线和高线之间，就是市场主体的空间。底线是不能破的，那就唯有抬高天花板。不断地抬高，顶破。

疫情改变了很多。人们对弹性、冗余、备份、准备度等抽象概念，有了非常具象的认知。有人说，东方大国公民的现代性，一下子被拨快十年。以人为本，深入人心。

大国关系的重大调整，更是深刻地改写了大家原本习以为常的全球化进程。“以我为主”成为新共识。让外循环为内循环所用，让外循环更好地补充内循环之短、之缺。AUG 20, 2020

问道蓝军

蓝军是磨刀石，蓝军让红军更强大，蓝军是红军的一部分。蓝军战略和思维方式得到了广泛的运用。蓝军战略用得比较好的，是中国乒乓球总队，常常有一些优秀的陪练模仿对手的打法，来训练我方运动员的应变能力。一名优秀的棋手，往往可以预测到对手要走的好几步棋，从而提前布局。希望各行各业，都能涌现更多的蓝军。

宏观研究要向精准医学取经

有人告诉我“三鄙视”。一是鄙视在电视节目里夸夸其谈的“倒顺开关”，二是鄙视无病呻吟、卖文为生的“写家”，三是鄙视大而化之、搞宏观研究的“知识混子”。尤其是“知识混子”，几乎和不接地气、书生意气画了等号。

偏偏有做医生的好朋友，最近和我聊天，他说喜欢看我们的研究成果，有意思，做宏观考虑，格局大，心胸开朗，他们医学做的都是细致微观的工作。我一时语塞，思绪潮涌。

想起了张文宏医生，他高就高在“专业”两字，专业技能+专业流程+专业精神。谈笑风生、深入浅出、举重若轻、化繁就简，都建立在专业基础之上。自然，就联想到了周星驰的那句台词：“能不能有点专业精神？”

想起了顾准，他拿起冰冷的手术刀，解剖各种迷思。拿稳手术刀，可非易事，需要术前诊断病情，术中定位病灶，术后预防并发。需要大处着眼，小处着手，细微处着力。宏观研究者，“医”经济、社会者，既要有仁心，也要能出精细活。

还想起了科比。有记者问他：“你为什么会如此成功？”科比反问：“你见过凌晨四点的洛杉矶吗？”这句话激励了无数球迷。

“宏观研究（混子）”为什么被嫌弃？一是他不愿意沉浸到现场，不做全面调研，只做潇洒的远观者；二是缺乏专业精神，没有遵循因果逻辑，不肯花笨功夫去实证或证伪；三是八面玲珑，不想下清晰定论，确保进退自如；四是隔靴搔痒，无法在约束条件下提出建设性的解决方案。所以，宏观研究报告基本上是连篇累牍地堆砌大词汇和常规数据，蛋炒饭、饭炒蛋，了无干货，逻辑苍白，貌似万金油，貌似放之四海皆准，其实百无一用。

要像精准医学一样，提高宏观研究“早期”诊断和“靶向”治疗的能力。此领域是刚性内需，边际效应巨大。另外，要有中国自己的路线图，形成本土原创、国际认可的宏观研究“诊疗”指南、“临床”路径和“干预”措施。MAR 13, 2020

专家“八戒”

“一戒”百搭，万金油。有的专家，什么都能讲，什么都敢讲，而且是什么都能拉起来就讲（事先不作任何调研或准备），张口就来。核心的观点内容，这次和上次不一样，下次和这次不一样。每次的依据倒是一样的：“本人多年的研究成果。”

“二戒”到什么山头唱什么歌。有的专家，揣摩意图，投人所好，顺着东道主或邀请方的明示暗示，随时随地因人因需，可以灵活调整方向，效果自然是皆大欢喜。

“三戒”忽悠大词汇新词汇。什么时髦讲什么，笼而统之，大而化之。跟风顺流，不接地气。听着高大上，好像全都对，其实解决不了啥问题。

“四戒”绕着领导转。领导不讲，他不讲。领导讲什么，他讲什么。领导讲 1，他放大 10 倍讲。好像漫不经心，实则刻意强调，最近和领导又见了几回，和领导的“高见”再次不谋而合。扯虎皮，拉大旗。

“五戒”讲排场，讲规格。出入门、上下车，前呼后拥，吆五喝六。事事要人伺候，生活基本不能自理。

“六戒”没有时间观念。有的专家，发言时经常开“无轨电车”，而且是没有时刻表的“无轨电车”，挤占其他人的额度。

“七戒”缺乏专业敬畏心和社会责任感。为特定利益群体代言，甘当“黑嘴”。善于放马后炮，在复盘中显示自己的高瞻远瞩，或是故弄玄虚，云山雾罩。

“八戒”把“信封”看得太重。有的专家，掉进钱眼里，对专家费、津贴，税前、税后斤斤计较。价格谈不拢，再有价值的活动都不会参加；价格到位，再没有价值的活动都会欣然前往。

守不住“清规戒律”，做不到“专注专业”的，一定不是专家。SEP 22, 2020

荣誉过剩让我们故步自封

《蓝军出击》是最近热播的现代军旅题材剧，讲述了全军第一支专业化蓝军“山豹旅”甘当红军“磨刀石”，在实战演练中提升全军战斗力的故事。“山豹旅”首次亮相，便与王牌军808旅、909旅先后对抗，以出其不意的非正常出击，让两支传统王牌军狼狈不堪，在军中掀起轩然大波。

“山豹旅”旅长韩鹏打起仗来从不按常规出牌。战术上千变万化，遇强敌，他也许会强攻硬打，遇到较弱对手，他也会认真对待，荤的素的，土的洋的，俗的雅的，正规的游击的……他的座右铭就是“只要能打赢，什么招都行”。

败军之将808旅旅长王可争，一开始是一百个不服不爽，但是在参观“山豹旅”时，他几次脱口而出“有意思”。他把“山豹旅”提供的战术分析报告看了三遍，又请政委看，最后要求旅党委成员看，并写出心得体会，印发全旅人手一份，对照问题查找不足。王可争又提议，在军史馆中设立巨大的“耻石”，记录下“决战2017”演习败北记录，刻上旅长和政委名字，以此在全旅开展“知耻”教育，在官兵中树立知耻而后勇的精神，要卧薪尝胆，重振雄风。

根据从屏幕上拍下的王可争的反省材料，大致如下所列。

“经过与‘山豹旅’的‘决战 2017’的对抗演习，我们 808 旅败阵惨烈。常言道，一日三省吾身，我必须深刻反省 808 旅吃了这次败仗的原因。最伟大的胜利，就是战胜自己，反思自己。自重、自觉、自制，此三者可以引至生命的最高境界。”

“荣誉过剩让我们故步自封，盲目自大让我们封闭了自己的耳目，根本看不到也看不清什么是新军事革命的大潮，看不到未来战争的危机就在眼前。这次失败败得好。没有这次失败，我也许还在继续坠落；如果不是这次失败，808 旅也许永远迎不来真正的春天。我自己掉进了深渊几年，又把部队带进了这个深渊。我王可争从今天起，只干一件事，带领 808 旅打翻身仗。对我自己就一个要求，不负使命；对 808 旅来说，不辱使命，战旗不倒。加强自我改造，自我完善，努力提高综合素质，充分发挥主观能动性……”

如今，蓝军战略和思维方式得到了广泛的运用。世界 500 强企业在做重大决策时，往往有不可行论证小组。蓝军战略用得比较好的，是中国乒乓球总队，常常有一些优秀的陪练模仿对手的打法来训练我方运动员的应变能力。一名优秀的棋手，往往可以预测到对手要走的好几步棋，从而提前布局。

想起三句话：蓝军是磨刀石，蓝军让红军更强大，蓝军是红军的一部分。希望各行各业，都能涌现更多的蓝军。SEP 25, 2020

工作复盘

回家路上，我把上个星期的工作流水账做了个大致的复盘和抽象。有些内容，本是和同事交流共勉的，现在稍作调整，报告给朋友们。

——智库的职责，就是解决问题。其他人有抱怨的权利，智库的从业人员恐怕没有（做领导的也一样，领导就是问题的终结者）。要把问题解决好，首先要提出好问题（不会提出问题，基本不会发现“美”）。古人云，“学起于思，思源于疑”。不会发现问题、识别问题、穿透问题，就不可能真正解决问题。一定不要丢掉“质疑”这个工具。

——要沉浸，真正“进入”和“代入”，不能浮光掠影、浅尝辄止。不了解，就无法理解；不理解，一定不能融入；不能融入，一定不会全身心投入。投入时有保留或患得患失，一定不会有丰沛的产出。没有产出，何来杰出？！可以说，无“了解”，不“杰出”（想到了康德的话“因判断而生愉悦”）。对自己单位的发展远景（大到国家和地区也是如此）如果不了解、不清楚、不接受，或者一直拧巴在那里，是不行的。

务必搞搞透、捋捋顺。否则，你的心气是不会通畅的，动力是释放不出来的，职业倦怠倒可能很快到来。

——任何问题的解决，都绕不开约束条件。供给是有前提的，能力是有边界的，但是创新的方法和路径是多元、甚至无限的。创新不是模块化的东西，可以放在抽屉里，拿进拿出，时不时在众人前面 show 一下。它和空气一样，充盈在我们工作的全程、全域、全员中。但是单点创新（我称之为“点创”）的效能，比不上集体创新（我称之为“共创”）。那么，什么是创新之源？即对想象力的涵养，对直觉的滋润，不厌其烦地试错！它能帮我们把解决方案从一堆烂摊子当中“拎出来”。

——看问题，不妨多点批判性。出招数，必须多点建设性。退一万步讲，即便当下的条件不成熟，也得面向未来，模拟情景，提高准备度（readiness）。不能轻言“不可能”“没必要”“做不到”“不关我事”。把这些话当口头禅或者潜意识的，一定是平庸的员工。卓越的人，永葆孩子一样的率真和热情，敢于直面不确定性，抓住转折点。员工分化发展的原因，就在于此。

——工作配合中，尽量信息对称，打开天窗说亮话，不要让小误会累积成大危机。办公室里没有潜规则，但是有许许多多的“微规则”。坦率、实诚（这能最大程度地减少交易成本），就是对这些“微规则”最好的遵守。人都有同理心、包容心（包容宽容是极好的品行，消极隐忍则是坏种子），沟通就是生产力。有不爽、不快、不安、不乐，要及时通过开放交互去消弭和融解。不交流，不善于交流，长年累月不断地往自己心头堆放石块，终有一天难以承受。

SEP 28, 2020

我与我周旋久，宁作我？

本文标题是《世说新语》里的一句话。大意是说，东晋时期有两位名将，功勋齐名。久而久之，有一位将军生出竞争之心，就向另外一位发问："你和我相比，谁更胜一筹啊？"被问的那一位非常巧妙地回答说："我与我周旋久，宁作我。"

最近在多个场合，我被问到前滩综研和某某研究院比谁更厉害？我皆引用"我与我周旋久，宁作我"作答。

前滩综研不研究对手，只改进自己。非狂妄自大，而是坚守自己的清晰定位——不是咨询公司，就想做纯粹的、一根筋的、以自主研究为主、实证创新的开放平台。不消说三斗米，九斗米也无法让我们折腰。

但是，前滩综研还是有"对手"的，一个"对手"是我们自己的小伙伴。我们在采取行动，要打掉"佛系"和"骄气"。不除"佛系"，就无法有足够的能动性和创造性去收集和分析数据，思考解决方案。不除"骄气"，就无法超越偏见。打掉"佛系"和"骄气"，是质量和客观之基，这是最难能可贵的核心价值观。

前滩综研的另外一个“对手”，是“我”自己。“我”的视野、立意、热情、方法，可能已经或即将成为这个平台的天花板。如果说，前段时间出台的《质量管理技术规范》夯实了我们研发质量的地板；那么，必须用空前的、颠覆性的创新去打开研发质量的天空。这个“我”，包括我们的整个骨干团队、领军人物。走不出舒适区，没有压力和动力去革自己的命，去尝试新技术、新工具，老人有疲态、怯意、倦怠，新人缺舞台，顶不上，这个单位危矣。

因此，要时时刻刻与己（其实是“我们”）周旋，在周旋中持续“破境”“出圈”。同时，又要永葆初心，果敢担当——这就是初始的“我”，或者“我们”。我与我周旋久，宁作我。加油！NOV 4, 2020

“打在鼻梁上的一记重拳”

最近的“封面观点”，引发很多议论。

尤其是《新经济是什么？不是什么？》和《思想上“散装”，行动上“零售”？！》等文章。好朋友不无担心，有的说太尖锐犀利，怕有人对号入座；有的说中托夫勒（Alvin Toffler）的“毒”太深，对未来的问题不妨捣捣糨糊；有的建议抽象点，顾左右而言他；有的建议高高举起、轻轻放下……

想起多年前读过的波士顿咨询公司（BCG）创始人布鲁斯·亨德森（Bruce Henderson）的一句话——“打在鼻梁上的一记重拳”。亨德森选择《管理新视野》作为他的传播媒介，以一篇篇简明而精辟的短文引发大家的深刻思考，“逻辑简洁，却发人深省”[①]。亨德森说，这些短文就是“打在鼻梁上的一记重拳”。

他引用杰伊·佛瑞斯特（Jay Forrester）[②]的理论：大部分人只能理解第一阶效应，少数人考虑第二阶和第三阶效应，不幸的是，实际上企业（其他组织也一样）真正有趣的事情，都存在于第四阶效应或者更高层次的效应。往前头看，往深处看，才能感知更高层次的效应，这正是“领导”的应有之义。亨德森说，要把各种观念发展到逻辑的极限。

这势必产生一系列的激烈碰撞。敢不敢迎接未来场景？愿不愿抛弃陈规旧习？更重要的是，“重拳”打向谁的“鼻梁”？一定是首先打向自己！革自己的命，对自己釜底抽薪。马克·吐温（Mark Twain）说过，后来查理·芒格（Charles Thomas Munger）也引用过：“当你手里拿着锤子时，看什么都像钉子。”③

互为锤子和钉子，有足够的交互和交锋，才能形成健康的思想市场。我们正在汇集读者砸向编研部门的“锤子”和“重拳”，择时向大家报告，以突破逻辑的极限。DEC 15, 2020

① 出自 BCG 前 CEO 约翰·克拉克逊（John Clarkeson）为《公司战略透视：波士顿顾问公司管理新视野》（卡尔·W·斯特思著，上海远东出版社，1999 年 1 月出版）写的前言。

② 麻省理工学院教授，他最早提出“学习力”一词。“学习力”是学习型组织管理理论中的核心理念。

③ 原文是：“When all you have is a HAMMER, everything looks like a NAIL.”。

笔墨官司，有比无好

新年预测，是我们的传统保留节目。到了这个时间段，不少朋友会留意前滩综研对新的一年有哪些判断，给未来定了什么基准色？是玫瑰色的，灰色的，还是黑色的？

我们本着一个朴素的理念，“与其精确地错，不如粗略地对”，帮助大家“有方向，不去刚性锁定；有机会，必须高效搞定”。预见先于预案，评估实现度、提高准备度，诸如此类的口头禅，估计大家听得耳朵都长老茧了。

但是站在 2020 年的尾巴，展望 2021 年，要拿出掷地有声的断论，困难重重。我们给小伙伴布置硬任务，收上来好多“感觉”。向外部专家虚心请教，征集了不少“倾向”。基于《全球智库动态》研究报告，浏览了各主要经济体的专业智库的“看法”合并同类项后，基本上分为三类：

（1）顾左右而言他，不正面回答（越是大牌机构 / 专家，越是珍惜自己的名声，不敢轻易下结论）。

（2）“一方面……，另一方面……，建议相机而行”，动态权变（大家一看就知道，基本是海外机构的观点）。

（3）跌宕起伏，峰回路转，“好人”一天天好起来，“坏人”一天天坏下去（可以想见，这些多半是国人的看法）。

小组内部，也是见仁见智，碰撞得不可开交。于是，我想起毛主席的话：“笔墨官司，有比无好。”1965年，关于王羲之的笔迹，位高权重的中科院院长郭沫若有文在先，导致质疑者的商榷论文刊登不出来。后来，毛泽东说，争论是应该有的……笔墨官司，有比无好。邓伟志先生曾经就此事写过文章，认为打笔墨官司的原因不外乎以下几种——“水平有高低”“闻道有先后”“方法有区别”“经历有差异”“时代有局限”“学风有优劣”等。

可能还有其他原因，譬如，2020年全球的遭遇，尤其是当下的境况。有的否极泰来，有的水深火热，两极分化，冷暖不均。有的处于防守状态，相对落寞一些；有的处于生长状态，相对进取一些；有的从道德制高点跌落，羞愧自责，有苦难言；有的别开生面、“拨乱反正”，让人刮目相看；有的左右逢源；有的里里外外受掣肘。

想起一位专家在参加我们“财经下午茶”时讲过的一句话——“始于2020”将是今后反复出现的一句话，意思是“2020”是个分水岭、里程碑。今后很长一段时间，都是“2020”的延长线。我们2021年的笔墨官司，还得打些时日，但是有些关键词，已经明朗——发展的分化、规则的重构化、斗争的全面化。

DEC 28, 2020

说在后面

智库，应该“大喊大叫”+“建造发动机”

看到凯恩斯对马歇尔和杰文斯的一句评价，不禁掩卷长思。

凯恩斯（John Maynard Keynes，1883—1946），家喻户晓。他出生于英国剑桥，主张政府应该积极扮演经济舵手的角色，通过财政与货币政策来对抗经济衰退乃至经济萧条。后人尊称他为“宏观经济学之父”和“资本主义的救世主”，因为其成就相当于哥白尼在天文学、达尔文在生物学、爱因斯坦在物理学的成就。他还在第二次世界大战后做过世界银行的第一任行长。

阿尔弗雷德·马歇尔（Alfred Marshall，1842—1924）的名声也是如雷贯耳。他出生于英国伦敦，是新古典学派的创始人。在他的努力下，经济学从仅仅是人文科学和历史学科的一门必修课，发展成为一门独立学科，具有与物理学相似的科学性。正是他，将“政治经济学”简称为“经济学”。他年轻时一度对哲学饶有兴趣，但最后还是决定研究经济，背后原因是他曾经走访过贫民区，无法忘却那里的贫穷饥饿，立志去改变。

至于威廉姆·斯坦利·杰文斯（William Stanley Jevons，1835—1882），可能要“小众”得多。他出生于英国利物浦，是著名的经济学家和逻辑学家，边际效用学派的创始人之一（“边际三杰”之一），数理经济学派早期代表人物。可惜英年早逝。

凯恩斯评价马歇尔和杰文斯的原话，是这样的：“杰文斯看到水壶里的水在沸腾，兴奋得像一个孩子那样大喊大叫，而马歇尔却默默地坐在一旁，开始建造一台发动机。”

杰文斯，致力于孤独的开创性思考，性格内向敏感，难以与人相处，时常忧郁、沮丧，心神不安。而马歇尔，信奉渐进改良道路，采取折衷主义和均衡主义，继承和发扬前人精华成果，社会交往活跃，成果被广泛延展并转化应用。两人性格判若云泥，一个是“出世者”，一个是“入世者”；一个“出师未捷身先死”，一个成为“英国正统经济学界无可争辩的领袖”。

猛然悟到：智库，既要能“开创性思考”，又要能“继承和发扬”，还要能兴奋地“大喊大叫”，更要能默默地“建造发动机”。

MIRAE ASSET
WESTIN
BUND CENTER